조선의
부자들

朝鮮

조선의
부자들

김준태 지음

조선을 움직인
또 하나의 원천,
부!

富者

눌민

서문

이 책은 조선시대 부자들의 이야기다. 조선시대에 태어나 경제활동을 시작한 사람들을 대상으로 하다 보니, 시대적 배경이 일제강점기까지 펼쳐져 있다. 이들이 세상을 어떻게 바라보았는지, 어떤 원칙과 기준을 가지고 부富를 축적했는지, 그 부를 어떻게 사용했는지가 이 책의 주된 내용이다. 혹시라도 돈 모으는 비결이나 부자가 되는 노하우를 기대했다면 실망할지도 모른다. 솔직히 부를 창출하는 기술은 오늘날이 훨씬 다양하고 뛰어나다. 옛날 사람들을 소환해서 따로 배울 이유가 없다. 그럼에도 굳이 조선의 부자를 소재로 삼은 이유는 이 시대가 '의로운 이익'을 추구했기 때문이다.

성리학적 도덕 질서가 강화되면서 부의 축적을 비루하게 여기는 문화가 생겨나긴 했지만, 유교는 본래 이익이나 부를 부정하지 않는다. 공자는 "부귀는 사람들이 바라는 바이지만, 정당한 방법으로 얻는 것이 아니면 누리지 않아야 한다"라고 했고, "무언가를 얻었다면 그것이 의로운 것인지를 생각해봐야 한다"라고도 말했다. 이 말은 정당하고 의로운 부귀라면 얼마든지 누려도 된다는 뜻이다. 이익 추구 역시 마찬가지다. 한데 요즘은 '의義'는 사라지고 '이익'만 남았다. 더 많은 부를 얻고자 수단과 방법을 가리지 않고, 이익을 위해서라면 비도덕적이거나 불법적인 행동도 마다하지 않는다. 그러다 보니 부 자체가 튼튼하게 뿌리내리지 못할 뿐 아니라, 타인에게 피해를 주고 사회 전체의 신뢰가 흔들리는 등 많은 폐단을 낳고 있다. 이런 우리에게 '의로운 이익'을 추구한 조선의 부자들이 '지속 가능한 부'라는 측면에서 교훈을 줄 수 있다고 생각했다.

물론 조선이라고 해서 선한 부자들만 있었던 것은 아니다. 욕망에 충실하고 부정부패를 저지르며 심지어 적국에 아부해 나라를 팔아먹는 일에 일조한 부자도 있었다. 하지만 많은 부자가 유교적 사유 위에서 정당하게 부를 쌓고, 부를 올바르게 사용하고자 노력했다. 안목과 통찰, 존중과 배려, 절제와 검소, 절박함과 집요함, 배짱과 도전 정신, 신뢰 자본, 글로벌 역량, 마케팅 전략 등 각자가 가진 무기를 바탕으로 정도를 지키며 부자가 되었고, 부자가 된 후에는 그에 걸맞은 품격을 보여주었다. 이것이 바로 이 책에 담은 이야기로, 우리가 본받을 만한 사례와 반면교사로 삼아야 할 사례를 모두 담았다.

그런데 집필 과정에서 어려운 점이 있었다. 조선이 '기록의 나라'이긴 하지만 주로 정치·행정·학문에 관한 기록을 남겼을 뿐, 부자나 부를 쌓는 방법에 관한 내용은 찾아보기 힘들다. 따라서 단편적인 정보들을 엮어 글을 완성해야 했다. 사실이 아닌 상상을 추가하는 일은 피했지만, 주관적인 짐작이 포함되었음은 부인할 수 없다. 그나마 일제강점기는 상대적으로 수월했다. 특히 국사편찬위원회에서 데이터베이스화한 《근현대잡지자료》의 도움을 많이 받았다. 다만 근현대 잡지의 경우 국한문 혼용체로 쓰여 있고 국문이라도 지금은 쓰지 않는 표현과 단어가 많아서 이를 현대어로 의역한 부분이 있음을 밝혀둔다.

마지막으로 이 책이 나오기까지 변함없는 사랑과 응원을 보내주신 양가 부모님과 아내 지영에게 고마운 마음을 전한다. 많은 도움을 주신 남승률 부장님, 조득진 선임기자님, 좋은 책으로 엮어주신 도서출판 눌민에도 진심으로 감사드리고 싶다. 여전히 많이 미숙하지만, 최선을 다한 시간이 이 책에 스며 있다.

|차례|

1부

조선의 양반·상인·역관·중인 부자들

재물을 나누지 않으면 악취가 풍긴다

경주 최부잣집

흔히 부자는 삼대를 가지 못한다고 한다. 부를 일구기도 어렵지만 지키기는 더 어렵다는 뜻이다. 하지만 여기 10대가 넘도록 큰 부자였던 집안이 있다. 마지막 대에 이르러서도 몰락한 것이 아니라 대규모의 사회 환원을 통해 스스로 부를 해체했다. 교동법주로도 유명한 경주 최부잣집 이야기다.

최부잣집의 여정은 조선 중기의 무인 최진립崔震立(1568~1636)으로부터 시작한다. 임진왜란 때 의병을 일으켜 활약했던 그는 인조 대에 이르러 공조참판, 삼도수군통제사를 역임했다. 병자호란이 발발하자 노구를 이끌고 청나라 군대와 싸우다 장렬하게 전사하여 '정무貞武'라는 시호를 받았다. 이수락의 「최부잣집의 가훈」이라는 글에 따르면, 최진립은 연간 소출 1,000석 규모(쌀 1석은 약 144킬로그램이다)의 재산이 있었던 것으로 추정되는데, 집 안에 그 이상의 곡식을 들여놓지 말라고 유언했다고 한다. 소작료를 많이 받아 재산을 늘리지 말고, 일정 규모를 초과하는 이익은 어려운 사람들에게 베풀라는 것이다.

그의 아들 최동량崔東亮(1598~1664)은 이러한 아버지의 뜻을 잘 계승했다. 개령현감, 용궁현감 등의 벼슬을 지낸 그는 시비법과 이앙법을 도입하여 소출을 획기적으로 늘렸지만, 소작인들에게 작료를 대폭 줄여줌으로써 재산을 일정한 상태로 유지했다. 최동량은 후손들에게 '가거십훈家居十訓'이라는 유훈을 남겼는데, 인륜을 밝히고, 효로써 부모를 섬기고, 충으로써 임금을 사랑하고, 가정을 화목하게 하며, 형제간에 우애 있고, 친구 사이에 신의가 있으며, 여색을 멀리하고, 술에 취하는 것을 경계하고, 농업과 잠업에 힘쓰며, 경학經學을 공부하라는 내용이다.[1] 다른 조항들은 유교적 생활윤리의 일반론에 가깝고, 아홉 번째 '농업과 잠업에 힘쓰라'는 조항으로 볼 때 최씨 가문의 가업이 이 두 가지 업을 축으로 해서 이루어졌을 거라 짐작할 수 있다.

최씨 집안이 '부잣집'의 면모를 갖춘 것은 최진립의 손자인 최국선崔國璿(1631~1682)에 이르러서인데, 그는 적극적인 농업 경영을 통해 부를 축적하면서도 "재물은 거름과 같아서 농작물을 잘 자라게 하지만, 쓰지 않고 쌓아두면 악취를 풍긴다"라는 신념을 가지고 있었다. 흉년이 들었을 때 쌀을 빌려간 사람들의 빚을 탕감해주고 곡식 창고를 열어 어려운 사람들을 구제한 것은 그래서이다. 그는 죽기 직전에 "내가 빌려준 건 받기 위해서가 아니다"라며 담보 문서를 모두 불태웠다고 한다. 2010년 KBS에서 방영한 드라마《명가》의 주인공이 바로 최국선이다.

이후 최씨 가문의 역사를 1998년 경주최씨교동종친회에서 발간한 『교동의 얼』을 참고해 정리하면, 4대 최의기는 가업을 확장하면서도 근검절약하고 이익에 얽매이지 않았다. 5대 최승렬과 6대 최종률은 특별한 자취를 남기진 않았지만 가문의 부를 잘 유지했으며, 7대 최언경은 "재산을 모았으되 덕으로써 베풀었으니, 덕분에 목숨을 이어가게 된 사람들이 무수히 많았다." 이어 8대 최기영을 거쳐 교동

---

1) 목만중, 『여와집餘窩集』 21권, 「최용궁행장崔龍宮行狀」.

으로 터전을 옮긴 9대 최세린은 흉년이 들 때마다 곡식을 대량으로 내놓았으며, 10대 최만희도 어려운 사람들을 적극적으로 도왔는데, "굶주리는 사람들을 대규모로 구제하고도 혹시 부족한 점이 없는지를 염려했다"고 한다.

사업 수완과 자산 운용 능력이 뛰어났던 11대 최현식崔鉉軾(1854~1928)은 가문의 재산을 더욱 크게 불렸는데, 그 역시 어려운 사람을 돕고 구제하는 일에 아낌이 없었다. 그 덕분일까? 구한말 남부 지방을 휩쓸며 부자들을 약탈하던 대규모 무장 농민 집단 활빈당活貧黨이 경주를 공격했을 때, 이웃 농민은 물론 부랑자, 걸인까지 몰려와 최부잣집을 지켜주었다고 한다. 최현식은 경주 지역의 국채보상운동도 주도했다. 마지막 부자인 12대 최준崔浚(1884~1970)은 조상들의 선행을 계속 이어가는 동시에 대한광복회와 조선국권회복단 등에 자금을 지원했다. 상해에서 대한민국 임시정부가 출범하자 2만 원의 군자금을 보내기도 했다. 최준은 민족 자본을 활성화하기 위해 대구은행, 해동은행, 경일은행, 경주상회, 대동사 등 여러 민족 기업의 설립과 운영에 관여했으며, 안희제의 요청으로 백산상회(백산무역)에도 참여했다. 그런데 백산상회가 일제의 탄압과 자금난으로 부도가 나서 부채 130만 원을 떠안았고, 이를 해결하기 위해 재산을 반강제로 일제의 조선신탁주식회사에 넘겨야 했다. 해방 후 일제가 신탁 관리하던 재산 중 일부를 돌려받았는데, 그는 이 재산을 모두 인재 양성 사업에 투입한다. 대구 지역 유지들과 뜻을 모아 건립한 대구대학(현 영남대학교)에 모두 기부한 것이다. 300년에 걸친, 실로 숭고한 노블레

경주 최부자댁 입구 전경

스 오블리주다.

최부잣집은 어떻게 이러한 정신을 계속 이어갈 수 있었을까? 어떻게 그 많은 재산을 계속 유지할 수 있었을까? 최부잣집의 가훈이 그 원동력이라고 알려져 있다. 관련 문헌이나 선행 연구에 따라 가훈의 항목이 3개, 6개, 7개로 차이가 있는데, 여기서는 경주최씨교동 종친회의 자료를 바탕으로 삼아 살펴보고자 한다.

우선 첫째, "과거를 보되 진사 이상은 하지 마라"는 양반 네트워크를 유지하되 관직은 맡지 말라는 것이다. 가문을 이끌기 위해서는 학문적 소양이 있어야 하며 양반 신분을 유지해야 관청이나 지역 유지들과의 관계를 원활히 할 수 있다. 그러기 위해서는 딱 진사 정도면 된다. 괜히 관직에 나갔다가 정치 싸움에 휘말려 피해를 보거나 권력을 탐하다가 몰락하는 일이 있어서는 안 된다는 의미이다.

둘째, "재산을 만 석 이상 모으지 마라"는 1,000석 이상의 곡식을 들여놓지 말라는 최진립의 유훈과 일맥상통한다. 최부잣집은 3대 최국선에 이르러 만석꾼이 되었다. 그렇다면 그 후로 토지가 늘지 않았을까? 최부잣집은 토지가 늘어도 소작료를 줄여줌으로써 만 석의 재산을 유지했다. 최부잣집의 소작료는 매우 싼 편이었는데, 소출량이 늘어날수록 소작료가 추가로 인하되니, 소작농들이 최부잣집이 더 큰 부자가 되도록 열심히 일하는 이색적인 상황이 연출되었다. 이익을 독점하지 않고 공유함으로써 지주-소작농 간의 상생을 가져온 것이다.

셋째는 "흉년에는 재산을 늘리지 마라"이다. 흉년은 토지를 증식

　　　　　　　　　　　　1부 | 조선의 양반·상인·역관·중인 부자들

하기 쉬운 때다. 당장 먹고살기가 어려워진 사람들이 자신의 전답을 싼값에 내놓기 때문이다. 이럴 때 토지를 매입하면 당연히 큰 차익을 남길 수 있겠지만, 최부잣집은 이를 금기로 여겼다. 남의 어려운 상황을 이용해 자기 배를 채우면 필시 원한을 남긴다고 생각했기 때문이다.

넷째, "사방 백 리 안에 굶어 죽는 사람이 없게 하라." 최부잣집을 기준으로 사방 백 리라면 영천, 울주, 포항까지 해당한다. 경상북도의 4분의 1에 해당하는 면적이다. 최부잣집은 자신들이 이렇게 부를 축적한 것은 혼자 잘나서가 아니라 지역사회와 지역민들의 도움과 지지가 있었기 때문이라고 생각했다. 따라서 최소한 지역사회에서는 굶어 죽는 사람이 나오지 않도록 하는 것이 당연한 책무라고 여겼다.

다음으로 다섯째, "며느리들은 시집와서 3년 동안 무명옷을 입게 하라"라는 말은 자칫 오해해서는 안 된다. 며느리에게 시집살이를 시키려는 것이 아니다. 최부잣집 역대 가주家主들의 공통적인 특징이 '검소'와 '절약'이다. 장차 안살림을 책임져야 할 며느리에게 처음 3년 동안 최부잣집의 이러한 정신을 체득하게 하라는 의미이다.

마지막 여섯째는 "나그네를 후하게 대접하라"이다. 우리에게는 나그네를 후하게 대접하는 전통이 있었다. 생판 알지도 못하는 사람의 집에서 하룻밤 묵어가고 또 그런 나그네를 흔쾌히 손님으로 받아들이는 일이 낯설지 않았다. 그런데 최부잣집의 나그네 접대 규모는 어마어마했다고 한다. 100명이 넘는 손님이 동시에 묵는 일도 있었으며, 접대 비용으로만 연간 1,000석을 소모했다니 말이다. 이는 따뜻

한 인심을 보여주는 측면도 있지만, 나그네를 통해 전국 각지의 정보를 얻기 위해서이기도 했다.

요컨대 만석꾼 최부잣집의 힘은 부자로서 사회적 책임을 다한 데서 비롯되었다. 근검절약하고 부당한 방법으로 재산을 모으지 않으며 이익을 공유하고 아낌없이 베풂으로써 수많은 위기를 이겨냈고, 부가 사라진 지금에도 여전히 존경받는 이름을 남기게 된 것이다. 대단한 것은 이와 같은 자세를 10대 400년 동안 흔들리지 않고 지켜왔다는 점이다. 최부잣집만큼 위대하고 존경받는 부자가 없었던 것은 아니지만, 3~4대를 넘기지 못하는 경우가 대부분이었다. 후손들이 욕심을 부리고 방종하고 나태해 물려받은 부를 잃거나, 심지어 쫄딱 망하기도 했다. 선대의 유훈을 잊지 않고 준수하는 것, 가문의 '초심'을 잃지 않는 것이 얼마나 큰 힘을 발휘하는지를 잘 보여주는 사례다.

함께 행복해야 나도 잘산다

윤선도

내 벗이 몇인가 하니 수석水石과 송죽松竹이라/동산에 달 떠오르니 그 모습이 더욱 반갑구나/두어라 이 다섯 외에 또 더하여 무엇하리.

학창 시절 교과서에서 접했을 고산孤山 윤선도尹善道(1587~1671)의 「오우가五友歌」의 일부다. 「산중신곡」, 「어부사시사」 등 뛰어난 가사歌辭와 시조 작품을 남긴 윤선도는 유교 경전뿐만 아니라, 예학·역사·지리·의학에도 통달한 다재다능한 인재였다. 하지만 거침없고 비타협적인 성품 탓에 유배와 은거를 반복했다. 특히 현종 때 벌어진 예송논쟁에서 남인 대표로 나섰다가 패배해 74세의 나이에 함경도 삼수로 유배되었고, 81세가 되어서야 풀려나는 고초를 겪었다. 그런데 불행 중 다행일까? 그는 일상생활만큼은 더없이 풍족해 남부러울 것이 없었다고 한다. 막대한 재산을 물려받았고 이를 다시 크게 불릴 정도로 뛰어난 자산 운용 능력을 갖추었기 때문이다.

윤선도는 해남 윤씨 어초은공파[2]의 종손이다. 고려 말기 해남과 강진 지역에 터전을 잡은 윤씨 가문은 16세기에 이르러 호남 제일의 부자라고 불릴 정도로 성장했다. 선조 때 형조판서를 지낸 윤의중의 자녀 삼남매가 부모의 재산을 나눈 기록인 「윤유기동생화회문기尹唯幾同生和會文記」를 보면, 당시 윤씨 종가의 재산은 노비 384구,

---

2) 윤선도의 고조부 윤효정의 호 '어초은漁樵隱'을 딴 이름이다. 고기 잡고 농사짓고 은거하겠다는 의미이다.

1부 | 조선의 양반 · 상인 · 역관 · 중인 부자들

전답은 약 40만 평이었다고 한다.[3] 윤의중의 손자인 윤선도는 이를 더욱 증식했다. 그는 조상이 해온 간척사업을 대대적으로 확장했다. 진도 굴포와 완도 노화도에서 대규모 간석지를 개척해 총 100만 평 가까운 언전堰田(간척지)을 확보한 것이다. 노동력을 제공한 마을 사람들에게 무상으로 토지를 나누어주었다고는 하나, 직접 점유한 토지도 상당했다.

그런데 간척사업을 한다는 것은 만만치 않은 일이다. 간석지에 긴 해언海堰(둑)을 쌓고 물을 빼내려면 막대한 노동력과 정밀한 기술이 필요하다. 더욱이 간척지를 개척해 전답으로 가꾸고 그곳에서 이익을 얻어내기까지는 오랜 시간이 걸린다. 수입이 전혀 생기지 않는데 지출만 계속되는 상황을 견뎌야 한다. 그런데도 이 사업이 매력적인 것은 존재하지 않았던 땅을 새로 만들어내는 일이기 때문이다. 오랜 R&D 끝에 새로운 수익모델을 창출하는 사업에 비유할 수 있다. 윤선도는 전답을 '창조'함으로써 가문의 새로운 성장 동력을 확보한 것이다.

윤선도에게서 주목할 점은 이뿐만이 아니다. 그는 부를 유지하기 위해 지켜야 할 자세와 마음가짐에 대해서도 상세한 가르침을 남겼다. 1660년(현종 1년) 윤선도가 큰아들 윤인미에게 쓴 편지를 보자.[4] 글이 길어서 중요한 내용만 골라 소개한다. 우선 그는 "하늘의 도움

---

3) 안승준, 「16~18세기 해남 윤씨 가문의 토지·노비 소유 실태와 경영—해남 윤씨 고문서를 중심으로」, 『청계사학』, 한국학중앙연구원, 1989, 170~175쪽.

4) 『고산유고孤山遺稿』 5권, 「큰아이에게 부치는 글寄大兒書」.

윤선도 간찰

출처: 국립중앙박물관, 공공누리 제1유형

https://www.museum.go.kr/site/main/relic/search/view?relicId=198548

을 얻는 길은 오직 선善을 쌓는 데 있다. 너희는 몸을 수양하고, 근면하고 성실하게 행동하며, 선을 쌓고 인仁을 행하는 것을 급선무로 삼아라"라고 했다. 어떤 일에 성공하기 위해서는 나 자신을 바르게 하고 부지런히 정성을 다해야 한다. 정정당당하게, 올바른 방법으로 나아가야 한다. 물론 이것만으로는 부족하다. 좋은 기회가 주어지고 좋은 사람을 만나는 등 운도 따라야 한다. 이를 하늘의 도움을 얻는다고 표현한 것인데, 그러려면 내가 먼저 선을 쌓고 인을 실천해야 한다는 말이다.

윤선도는 이어서 말한다. "우리 집안의 조상들을 보면, 고조부께서 농사일에 근면하고 노복들을 잘 대해주셨기 때문에 증조부 형제가 우뚝 일어나 가문이 융성하였다. 한데 조부님은 비록 의롭지 못한 일을 하지는 않으셨지만, 재산을 축적하는 일에 마음을 쓰셨기 때문에 자손의 대가 그만 끊어지고 말았다. 다른 집안 어른들도 고조부의 법도를 제대로 본받지 못했기 때문에 자손이 쇠락하였으니, 선을 쌓고 인을 행하지 않으면 하늘이 외면한다는 것을 분명히 알 수 있다."

윤선도의 고조부인 윤효정과 증조부인 윤구는 근검절약하고 노비를 어질게 대하면서 집안을 일으켰다. 특히 윤효정은 고을에 큰 가뭄이 들자, 백성들의 세금을 대신 내어주어 '삼개옥문적선지가三開獄門積善之家'라는 이름을 얻었다. 감옥 문을 세 번이나 열어주는 선한 일을 한 집안이라는 뜻으로, 세금을 내지 못해 옥에 갇히는 사람이 없게 만들었다는 데서 비롯한 이름이다. 하지만 백조부인 윤홍중은 인색하고 치부에 집착했다는 평가를 받았다. 형조판서를 역임한 조부 윤의중도 "사람들이 모두 탐욕스럽고 비루하다고 지목하였다."[5] 윤홍중의 대를 잇기 위해 양자로 들어간 윤유기는 본래 윤의중의 둘째 아들이었는데, 슬하에 자식을 두지 못했고 가세도 기울었다. 이는 선과 인을 실천하지 못해 하늘의 견책을 받아서라는 것이 윤석도의 해석이다. 윤선도는 윤의중의 큰아들 윤유심의 둘째 아들이지만, 자식이 없는 윤유기에게 입적되어 종손의 대를 이었기 때문에 이 점을 간곡히 당부한 것이다.

이에 윤선도는 여덟 가지 사항을 전하며 "우리 집안의 흥망이 이 종이 한 장에 달려 있으니 절대로 등한히 보지 말 것이요, 손자들도 가슴에 새겨서 읽고 잊지 말게 하라"고 강조했다.

차례로 살펴보면 첫째, "의복과 안마 등 몸을 봉양하는 갖가지 것들은 모두 습관을 고치고 폐단을 줄여야 마땅하다. 음식은 배고픔을 면할 만큼만 취하고, 의복은 몸을 가릴 만큼만 취하고, 말은 보행을 대체할 용도로만 취하고, 안장은 견고한 것을 취하고, 기물器物은 쓰기에 알맞은 것을 취해야 한다." 여기서 '안마鞍馬'란 호화로운 안장을 얹은 비싼 말을 뜻한다. 요즘으로 말하면 고급 세단에 해당한다. 이처럼 사치품을 사는 데 돈을 낭비하지 말고, 실용성 위주로 꼭 필요한 만큼만 지출하라는 것이다. 윤선도는 "삼가는 마음이 태만한 마음을 이기면 길하고, 태만한 마음이 삼가는 마음을 이기면 멸망한다"라며 거듭 주의를 당부했다.

---

5) 『선조수정실록』 15권, 선조 14년 5월 1일.

보길도 윤선도 원림의 세연정

출처: 게티이미지뱅크

둘째, 외거노비가 노동력 대신 주인에게 바치는 세금을 "가난한 사람의 경우 감경해주고 넉넉한 사람에게서도 더 받지 않는 것을 정해진 격식으로" 삼으라고 했고, 셋째, "위를 덜어서 아래에 줌으로써, 우리를 쳐다보고 살아가는 자들이 힘들고 괴로워서 원망을 품는 일이 없도록" 하라고 가르쳤다. 노비가 잘못한 일이 있더라도 관대하게 타이르라는 것도 셋째 항목에 속한다. 아울러 넷째는 동네 사람들을 함부로 부리지 말고, 다섯째는 무속 같은 삿된 설에 현혹되지 말며, 여섯째는 물건을 사고팔지 못하게 하고, 마지막으로 일곱째는 "종들을 곁꾼으로 부릴 경우, 모두 시세에 맞게 품삯을 지급하라"라는 내용을 담고 있다. 요약하면 아랫사람의 부담을 덜어주고, 정당한 대가를 지급하며, 윗사람이 욕심을 내어 이익을 독점하려 하지 말고 아랫사람에게 나눠줌으로써 모두가 행복하게 일할 수 있는 환경을 만들라는 것이다. 그래야 가문이 번성하고 가문의 부가 오래 유지될 수 있다는 것이 윤선도의 생각이었다.

오늘날에 대입하면 최고 경영자 혼자 잘났다고 해서 회사의 수익이 늘어나지 않는 것과 같다. 직원이 행복해야 회사도 행복하다는 말이 있듯이, 직원에게 이익을 배분하고 직원들이 워라밸을 이루며 즐겁게 일할 수 있어야 노동 생산성이 높아지는 법이다. 윤선도는 이 점을 강조했고, 자손들이 그의 당부를 잘 따른 덕분에 해남 윤씨 가문은 그 후로도 오랫동안 번영했다. 윤선도의 증손인 공재 윤두서와 같은 예술의 거장이 탄생한 것도 이러한 역량이 뒷받침되었기 때문이다.

순환농법을 통한 효율성 제고

장석보 가문

장면 1

1910년 한일 강제 병탄 직후, 전라북도 김제군, 지금의 김제시 금구면 서도리에 위치한 '금구신명학교金溝新明學校'가 폐교되었다. 반일교육을 행했다는 이유에서였다. 학교를 설립한 장태수張泰秀(1841~1910)는 일찍이 대사간과 시종원 부경을 역임한 인물로, 일제의 회유를 거부하고 24일간의 단식 끝에 순국했다. 그는 "내가 두 가지 죄를 지었다. 나라가 망하고 군주가 없는데도 적을 토벌하여 원수를 갚지 못하였으니 불충이요, 이름이 적의 호적에 오르게 되었는데도 몸을 깨끗이 하지 못하고 선조를 욕되게 하였으니 불효다. 내 이와 같은 죄를 지었으니 진즉에 죽어야 했다"라는 유언을 남겼다.

장면 2

가문의 큰 어른이자 종증조부 장태수의 순절을 본 장현식張鉉植[6] (1896~1950)은 독립운동의 길에 나섰다. 그는 조선민족대동단의 운영 자금을 지원했고, 젊은 인재를 양성하기 위해 중앙고등보통학교 경영에 참여해 재정의 절반을 책임졌다.[7] 1,000석 규모의 농장을 학교에 기부하였으며, 보성전문학교에도 많은 액수의 기부금을 내는 등 각종 교육사업에 헌신했다. 조선어학회의 『조선어사전』 편찬 사업을 지원하다가 체포되어 옥고를 치르기도 했다.

---

6) 원래는 '식軾'자를 썼다가 '식植'으로 개명한 것으로 보인다.

7) 고려대학교와 중앙중·고등학교를 운영하는 고려중앙학원의 법인 설립 멤버로, 초대 이사를 역임하기도 했다.

장태수 선생 영정

장태수와 장현식, 두 사람은 김제의 부자 장석보張石輔(1783~1844)의 후손이다. 장태수는 장석보의 넷째 아들 장한두의 아들이고, 장현식은 장석보의 큰아들 장한방의 고손자다. 장현식의 증조부 장관수도 본래 장한두의 장자였으나 후사가 없는 장한방의 양자로 갔기때문에 장태수를 장현식의 종증조부라고 소개했다. 아무튼 이 두사람은 각각 건국훈장 독립장, 건국훈장 애국장을 추서받는 등, 항일 독립운동에 깊은 발자취를 남겼다. 두 사람 모두 교육사업에 심혈을 기울였는데, 학교를 세우고 운영하려면 상당한 자금이 필요한법이다. 학생들에게서 등록금을 받는다고 해도 수입보다는 지출이훨씬 많다. 앞에서 소개한 경주 최부잣집처럼 튼튼한 재정 능력이뒷받침되지 않으면 꾸려가기가 힘들다. 장태수와 장현식이 교육사업을 벌인 데에는 선조 장석보와 그의 네 아들이 쌓은 부가 토대가 되었다.

　　장석보 일가는 인동 장씨 금구파에 속한다. 연산군의 폭정에 환멸을 느낀 장기건이 김제 금구면에 은거하면서 출발한 이 집안은 장석보 대에 와서 번성했다. 장석보는 넉넉한 인품과 부지런함으로 재산을 일구었다고 전해진다. 그는 어려운 이웃을 돕는 일에 주저하지않았고 나그네를 후하게 대접했다. 집에 찾아오는 손님은 양반이건봇짐 장수건 차별하지 않았기 때문에, 노잣돈이 떨어지면 장씨 집에가라는 말이 돌 정도였다. 이 점은 특히 조선시대 지방의 부자 가문들에 나타나는 공통적인 특징이기도 하다. 각지에서 온 나그네로부터 다양한 소식을 접함으로써 정보 소외를 보완하려는 노력으로 생각된다. 장석보의 네 아들 장한방·장한진·장한규·장한두도 아버지의 이러한 방침을 잘 계승했고, 장석보 가문의 인망은 더욱 높아졌다. 훗날의 이야기지만, 양반이자 큰 부자였음에도 동학농민혁명 때 농민군으로부터, 6·25 한국전쟁 때 공산군으로부터 무사할 수 있었던 것은 이처럼 지역사회의 신뢰와 존경을 받아온 덕분이다.

그런데 장석보의 네 아들이 상속을 받았을 때만 해도 이 가문은 큰 부자라고 불릴 수준은 아니었다. 장석보가 모은 땅이 많긴 했지만, 네 아들이 나눠 가지면서 개별적으로 보면 중농中農 수준에 불과했다. 이 가문이 진짜 부자가 된 것은 바로 이 네 형제의 손에서였다. 네 형제는 매년 돌아가며 한 사람의 논밭을 집중해서 경작했다고 한다. 올해 큰형네 논밭에 농사를 지었다면 내년은 둘째, 그다음 해는 셋째, 또 그다음 해는 넷째, 이런 식이었다. 4년마다 한 번, 순환식으로 농사를 지은 것이다.

아버지가 살아 계실 때야 당연히 형제들이 함께 일할 테지만, 분가해 가정을 꾸리고 재산을 나누게 되면 아무래도 자기 이익을 중시하게 마련이다. 농사를 짓기 위해 추가 노동력이 필요하더라도 각자가 알아서 한다. 한데 이들 네 형제는 따로 살림을 난 후에도 경제적 동반자 관계를 유지한 것이다. 다만 순환농법을 통해 가문의 인적·물적 역량을 하나로 모아 효율성을 극대화한다고 해도, 나 혼자 내 논밭을 경작해서 얻는 것보다는 수입이 줄어들 가능성이 컸다. 한 사람의 논밭에서 네 사람 몫의 수확물을 얻어야 하니 말이다. 그래서 네 형제는 농작물의 품질과 생산성을 향상하기 위해 노력했

김제평야

출처: 게티이미지뱅크

다. 3년간 쉬는 휴경지에 풋거름 작물을 재배하여 토지의 비옥도를 높였고, 지력을 소모하지 않으면서 관리하기도 쉬운 작물을 심어 부수입을 올렸다. 품종 개량에도 관심을 쏟았다. 덕분에 네 형제의 농사는 매년 성공했고 재산도 점점 불어났다.

물론 이 같은 방식에는 전제조건이 하나 있다. 형제 중 누구도 욕심을 부리거나 사사로운 이익을 추구하지 않을 거라는 신뢰가 필요하다. 공동의 사업을 위해 각자가 최선을 다할 거라고 믿어야 한다. 함께 농사짓기로 한 논밭에서는 대충 일하면서 자기만 따로 돈 벌 궁리를 했다면, 이들 형제의 순환농법 전략은 실패했을 것이다. 타인을 고용했을 때보다 못한 결과가 나왔을지도 모른다. 장석보의 아내이자 네 형제의 어머니 홍씨 부인이 형제 사이의 이견을 조율해주며 서로 믿고 힘을 합쳐야 한다고 엄히 가르친 것은 그래서이다. 홍씨 부인은 자신이 죽은 뒤에는 종부들이 이 역할을 맡으라고 유언했다.

그러나 이 같은 조치만으로는 한계가 있다. 가족의 규모가 작고 형제들의 사는 형편이 비슷할 때는 별일이 없었을 것이다. 하지만 손자 세대, 증손자 세대로 내려가면 어떻게 될까? 촌수가 멀어지고 가구 수가 늘어나니 결속력이 약해진다. 살림살이도 집집마다 차이가 벌어진다. 필연적으로 갈등이 생길 수밖에 없고, 갈등의 빈도도 늘어날 것이다. 서로를 전적으로 신뢰하기도 어려워진다. 이에 장석보 가문은 '의장'을 만들어 이 문제를 해결하고자 했다. '의장義庄'이란 문중이 공동으로 소유하는 전답을 말한다. 주로 문중의 제사 비용을 충당하는 데 쓰인다. 그런데 쌀 40석에서 시작한 '의장'이 점점 불어나 200석이 되고 급기야 1,000석 규모에 도달하자, 장씨 가문은 이를 '부의 재분배' 수단으로 활용했다. 매년 형편이 어려운 사람을 문중 제사를 주관하는 '유사有司'로 선발하고, 의장에서 발생하는 초과 이익을 가져가게 한 것이다. 요즘으로 말하면 재단의 자산은 일정액으로 고정해두고, 자산을 통해 얻은 사업소득 및 이자를 유사에게 몰아준 것이다. 덕분에 장석보의 후손 30여 가구는 모두 일정 수준 이상의 재산을 보유하게 되었고, 문중의 단합 또한 유지될 수 있었다.

요컨대 장석보 가문은 구성원들의 힘을 결집함으로써 부를 일구었다. 상호 신뢰를 바탕으로 순환농법 전략을 펼쳐 효율성을 높였고, '의장'을 통해 부를 재분배해 일가의 화합을 도모했다. 앞서 소개한 장태수와 장현식의 교육사업에는 두 사람뿐 아니라 문중에서도 합심해서 자금을 갹출했는데, 이 같은 노력의 결과라 할 수 있다. 한 대만 내려가도 기업이 분열되고 더 많은 이익을 차지하기 위해 형제끼리 다투다가 오히려 재산이 줄어드는 오늘날의 부자들에게 장석보 가문의 사례는 좋은 교훈이 될 것이다.

살을 내어주고 뼈를 지키다

김만일

제주도 서귀포시 남원읍 의귀리에 가면 김만일金萬鎰(1550~1632)이라는 인물의 묘가 있다. 그의 묘비에는 "숭정대부 동지중추부사 오위도총부 도총관"이라고 새겨져 있는데, 숭정대부崇政大夫는 종1품 품계이고, 동지중추부사同知中樞府事는 종2품, 오위도총부五衛都摠府 도총관都摠管은 정2품 관직이다. 실제로 직무 활동은 하지 않는 명예직이지만, 요즘의 장관급에 해당한다. 그야말로 최고위직에 오른 것이다.

김만일이 어떤 인물이기에 이처럼 화려한 이력을 가질 수 있었을까? 조선 조정은 왜 머나먼 섬 사람에 불과한 그를 각별하게 예우한 것일까? 김만일의 선조는 조선의 개국 일등공신 김인찬이다. 김인찬은 태조 이성계의 의형제로 익화군益和君에 봉해졌는데, 이를 따서 익화 김씨의 시조가 되었다. 공신 중에서도 으뜸가는 공신이었지만, 그의 집안은 제법 풍파를 겪었던 것 같다. 태종 이방원의 집권에 반대해서 탄압받았다는 설도 있다. 그렇지 않고서야 김인찬의 셋째 아들인 김검룡이 제주도에까지 내려가 정착하지는 않았을 테니 말이다. 이 김검룡의 직계 후손이 바로 김만일이다.

김만일은 말 목장을 대규모로 경영하며 막대한 부를 축적했는데, 그 과정이 순탄치만은 않았다. 명나라 영락제가 조선이 진상한 제주마를 '천마天馬'라고 불렀을 정도로 당시 제주마가 높은 평가를 받고 있다 보니 툭하면 조정에서 말을 징발해갔기 때문이다. 정기적으로 징수해가는 말도 많았다. 숙종 때 제주목사 이형상이 올린 장계를 보면 국영 목장의 경우 말 사육자 한 명당 연간 10필의 말을 거

의귀리 김만일 묘역

뒤갔고, 민영 목장에도 말을 세금으로 징수했다. 혹시라도 말이 폐사하면 책임을 물어 말의 가격만큼 돈으로 보상하도록 했기 때문에, 이를 충당하기 위해 가족을 노비로 파는 일까지 벌어졌다고 한다. 또한 관리와 아전들이 사사로이 말을 빼앗아 착복하는 일도 비일비재했다. 말을 육지로 가져가면 높은 가격에 팔 수 있었는데, 상등마 1필의 가격이 한양의 웬만한 기와집보다 비쌀 정도였다. 그러니 한몫 단단히 챙기자는 속셈이었을 것이다.

상황이 이와 같으니, 김만일 역시 말 목장을 운영하기가 쉽지 않았다. 특히나 그를 힘들게 했던 것은 말을 수탈하다 못해 종마로 쓸 씨암말까지 빼앗아가는 일이었다. 이건이라는 학자가 제주도 유배 시절에 지은 「제주풍토기」(『규창유고葵窓遺稿』 12권)를 보면, 김만일은 우수한 종마를 지키려고 일부러 말의 눈을 찔러 앞을 보지 못하게 만들었다고 한다. 암말의 가죽과 귀에 상처를 내서 상품성을 떨어뜨리기도 했다. 오죽하면 그랬을까 싶다. 그러나 이것만으로는 충분치 않았다. 사업 기반을 지키기 위한 근본적인 대책이 필요했다. 이에 김만일은 승부수를 던졌다. 조정에 자발적으로 말을 헌납한 것이다. 대신 암말을 제주도 밖으로 유출하는 일을 엄격히 금지해달라고 요청했다.

김만일이 처음 말을 바친 것은 1594년(선조 27년) 임진왜란의 와중이었다. 당시 조선 조정은 전쟁 수행을 위한 핵심 물자로 군마를 절실하게 필요로 했다. 이때 김만일은 말 200필을 헌납한다. 한데 말은 평시에도 긴요한 자원이다. 국방력 강화나 물자 수송 등을 위해 없어서는 안 된다. 김만일은 전쟁이 끝난 뒤에도 말 헌납을 계속

했다. 1600년, 전후 복구와 구휼사업을 위해 쓰라며 말 500필을 자진해서 내놓았고, 1620년(광해군 12년) 조정에서 명나라에 조공할 말 200필을 요청했을 때는 오히려 300필을 더해 500필을 바쳤다. 그뿐만이 아니다. 1627년 정묘호란 직후 김만일은 다시 말 500필을 헌납한다. 돈으로 환산하면 실로 어마어마한 수준이다. 조정에서도 김만일에게 부채 의식을 가질 수밖에 없었다.

그리하여 조정은 암말 반출을 금지해달라는 김만일의 요청을 수락하고 그에게 벼슬도 내려주었다. 재물 대신 명예로 예우해준 것이다. 그런데 말을 헌납할 때마다 계속 벼슬을 올려주다 보니 종국에는 종1품 숭정대부에 이르게 된다. 머나먼 섬에 사는 말 목장 주인이 명예직이긴 하나 재상의 반열에 오른 것이다. 또한 그의 아들은 고을 수령에, 손자는 변장邊將에 제수되었다. 종6품 산마감목관山馬監牧官이라는 벼슬을 세습하는 특혜도 주어졌다. 제주도를 다스리는 제주목사가 정3품, 김만일의 거주지인 정의현의 현감이 종6품이니, 적어도 제주도에서는 그의 집안을 건드릴 사람이 없게 되었다.

그러나 중앙에서는 여전히 김만일을 낮춰 보았던 것 같다. 1618년(광해군 10년) 9월, 말 목장의 관리 실태를 감독하기 위해 제주도에 내려온 양시헌이 암말을 내놓으라는 자신의 지시를 따르지 않는다며 김만일과 그의 세 아들을 체포해 고문했다. 이를 보고받은 광해군은 격노한다.

양시헌이 어떤 자인지는 모르겠으나, 어찌 조정에 아뢰지도 관찰사에

게 보고하지도 않고 먼저 형추刑推[8]할 수 있단 말인가? 김만일은 이미 2품의 직첩을 받았을 뿐 아니라 동지사同知事의 실직實職을 지낸 사람이다. 양시헌이 어떻게 김만일 네 부자에게 한꺼번에 멋대로 형을 가할 수 있단 말인가? 게다가 암말은 비록 한 필이라도 바다를 건너지 못하게 하라고 이미 하교한 바 있는데, 어떻게 감히 1,000여 필의 암말을 한 번에 뽑아낼 수 있단 말인가? 양시헌을 파직한 뒤 그의 죄를 조사해 처벌하라. (중략) 또 어느 부서에서 양시헌을 차출해 보냈는지 모르겠지만 해당 책임자도 문책하라.[9]

앞에서 김만일이 암말을 지키는 데 필사적이었다고 설명한 바 있다. 조정에서도 그의 뜻을 존중해 어명으로 암말을 섬 밖으로 빼내지 못하게 했는데, 양시헌이 이를 어긴 것이다. 암말을 가져가는 것이 이득인 데다 김만일쯤은 함부로 대해도 괜찮겠거니 하고 생각한 것으로 보인다. 다행히 광해군이 엄히 단속한 덕분에 김만일의 사업 기반이 유지될 수 있었다. 정묘호란 직후에는 이런 일도 있었다. 적의 재침입에 대비해 군비를 강화하고자 했던 조정에서는 김만일의 말 1,000필을 징발하자고 의견을 모았다. 2,000필이 필요하지만, 한번에 다 가져올 수 없으니 우선 1,000필을 거둬가겠다는 것이었다. 비변사에서는 "김만일의 말이 무려 1만 필이나 되는데, 이 나라에서 태어나 나라 땅에서 나는 풀을 먹으며 자랐으니 모두 국가의 은

---

8) 죄인을 때리면서 신문하는 것.

9) 『광해군일기』 132권, 광해 10년 9월 25일.

1부 | 조선의 양반 · 상인 · 역관 · 중인 부자들

혜입니다. 그렇다면 10분의 9를 가져다 사용해도 불가할 것이 없는데, 하물며 만에서 천을 취하는 것이 무슨 문제겠습니까?"라고 주장했다. 김만일의 사유재산을 나라에서 마음대로 써도 된다고 여긴 것이다. 그를 우습게 보지 않았다면 있을 수 없는 일이다. 이에 인조가 너무 과도하다며 400~500필만 징발하라고 조정해주었는데, 김만일은 아예 무상으로 헌납해버렸다. 어차피 내놓을 바에야 먼저 나서서 바침으로써 좋은 이미지를 심어준 것이다.

이처럼 김만일이 손해를 감수하고 여러 차례 많은 말을 헌납한 것은 물론 나라와 백성에 보탬이 되고 싶다는 마음에서였을 것이다. 하지만 전략적인 의도도 분명히 깔려 있었다. 관리들의 수탈에서 벗어나고 사업의 핵심 기반인 '암말'을 보존하기 위해, 헌납을 통해 보호막을 얻고자 한 것이다. 나라가 어려울 때마다 자진해서 말을 내놓고, 그것도 나라에서 요청한 것보다 더 많은 양을 기부한 덕택에 임금이 직접 나서서 그를 지켜주었으니 성공한 전략이라 할 수 있다. 김만일의 이러한 방식은 아들과 손자 대에도 계속 이어졌고, 김만일 집안은 정치적 풍랑에 휘말리지 않고 제주도의 말 산업을 주도하게 된다.

작은 이익도 놓치지 않는다

황수신

그는 체격이 웅장하고 성품이 관대하며 재상다운 풍모가 있었다. 경전과 역사를 섭렵하여 이치吏治에 능했고, 정승이 되어서는 일의 큰 얼개를 잡는 데 힘썼다. 하지만 세상의 부침에 따라 쉽게 처세를 바꾸었으며, 누대에 걸쳐 조정에 봉직했으면서도 볼 만한 업적이 없었다. 그에게는 뇌물이 폭주하였는데, 한 이랑의 밭이라도 더 가지려 탐하고 한 사람의 노복이라도 더 차지하려 다투었기 때문에, 대간으로부터 여러 차례 탄핵을 받았다. 당시 사람들이 말하길, "성이 황黃이어서인지 마음도 누렇구나(黃)"라고 하였다.

1467년(세조 13년) 5월 21일, 영의정을 역임한 황수신黃守身(1407~1467)이 눈을 감았다. 세종 대의 명재상 황희의 셋째 아들로 형조참판, 좌참찬, 우의정 등 요직을 두루 거친 그는 일찍이 세조의 즉위를 도운 공로로 좌익공신佐翼功臣 3등에 봉해졌다. 위의 글은 황수신의 '졸기卒記', 즉 실록의 사관이 남긴 부음 기사다.

그런데 졸기에서 확인할 수 있듯이, 그에 대해서는 부정적인 평가도 많았다. 그는 재산을 늘리는 일에 몰두해 잡음을 일으켰는데, 특히 토지에 집착했다. 실록에 따르면 황수신은 "이개·심신·송석동의 충주 논밭, 최득지의 수원 논밭, 박중림의 과천 논밭, 조청로의 양천 논밭"[10]을 하사받았다고 한다. 모두 단종의 복위를 추진하다 실패한 이른바 '사육신 사건'의 연루자들이다. 세조가 이들을 숙청하면서

---

10) 『세조실록』 7권, 세조 3년 3월 23일.

　　　　　　　　1부 | 조선의 양반 · 상인 · 역관 · 중인 부자들

압수한 토지를 그에게도 나눠준 것이다. 3등 공신이 되면서 80결,[11] 약 24만 평이나 되는 토지를 받았는데 여기에 또 토지가 생겼으니, 그야말로 재산이 엄청나게 불어났을 것이다. 한데 황수신은 만족하지 않았다. 그는 전국 곳곳의 비옥한 토지를 차지하고자 탐욕을 부렸고, 이를 위해 권력을 남용하는 일도 주저하지 않았다.

예를 들면 1459년(세조 5년) 1월, 조정에서 충청도 아산현을 해체하고 셋으로 나눠 온양현, 평택현, 신창현에 배속시켰는데, 진휼사賑恤使로서 작업을 총괄한 황수신이 이권에 개입했다. 그는 아산현 소유의 관둔전[12]과 채소밭을 빼돌렸고, 아산현 관아로 쓰던 기와집 48칸을 초가 22칸이라고 서류를 조작해 헐값으로 사들였다. 아내의 묘를 아산현으로 이장하겠다며 좋은 땅을 무상으로 불하받기도 했다. 2년 후, 해당 관둔전에서 농사짓던 관노의 고발로 진상이 드러나 탄핵받았지만, 세조의 묵인 아래 흐지부지되었다.

이같이 부정과 탈법을 자행하며 재산을 축적한 덕분에 황수신은 일약 거부로 떠올랐다. 비슷한 시기에 '4대 부자'로 불리던 정인지·박종우·윤사로·윤사균에 필적하는 수준이었다. 이들 네 사람은 왕실의 인척이고 집안 대대로 돈이 많았음을 고려한다면, 황수신의 치부 실력이 더 뛰어났다고 볼 수 있다.

그렇다면 우리도 황수신처럼 수단과 방법을 가리지 말고 재산을

---

11) 논밭 넓이의 단위. 곡물 수확량을 기준으로 정하기 때문에 토지 등급에 따라 1결에 해당하는 면적이 다르다.
12) 관청의 운영 경비를 보조하기 위한 토지.

모으자는 말이냐, 그건 아니다. 사사로운 재산을 늘리기 위해 공적인 권력을 악용하고, 더 많은 이익을 차지하기 위해 불법을 서슴지 않은 그의 행태는 비난받아 마땅하다. 황수신에게서 주목해야 할 점은 부동산 투기가 아니라, "세상의 부침에 따라 쉽게 처세를 바꾸었으며" "한 이랑의 밭"을 탐하고 "한 사람의 노복"을 탐했다는 그의 태도다. '어? 그게 본받을 점인가?' 하고 이상하게 생각할 수도 있다. 처세를 쉽게 바꾼 점에 주목하자니 말이다.

흔히 '처세'는 일관되어야 한다고 여겨진다. 상황이 달라졌다고 해서 이랬다저랬다 하면 안 된다는 것이다. 나에게 유리한지 불리한지, 이익이 되는지 안 되는지에 따라 조변석개하는 것이 아니라, 자신만의 원칙을 가지고 흔들림이 없어야 한다고 생각된다. 그러나 이는 선비의 처세일 수는 있어도 부자의 처세는 아니다. 황수신은 평소 변화에 대응하는 융통성을 중시했던 인물이다. 그가 특히 외교와 국방 분야에서 능력을 발휘했던 것도 이와 관련이 있다. 따라서 졸기의 평가를 뒤집어보면, 황수신이 시대의 흐름에 주목했고 상황 변화에 민감했으며 그에 따라 신속하게 대처했다는 의미가 된다. 그의 이러한 성향이 많은 부를 축적하게 된 원동력이었을 것이다. 부자가 되는 기회는 변화 속에 담겨 찾아오는 법이니 말이다.

"한 이랑의 밭이라도 더 가지려 탐하고 한 사람의 노복이라도 더 차지하려 다투었다"는 것도 공직자로서는 부적절하지만 부자에게는 필요한 자세다. 넓은 땅을 소유하고 수많은 노비를 거느린 황수신이 자기 재산에 만족하지 않고 한 이랑의 밭, 한 사람의 노비라도 더 얻기 위해 집착했으니 쫀쫀하고 인색해 보일 수 있다. 그릇이 작다며 비판하는 사람도 있을 것이다. 하지만 우리는 '상대성의 함정'을 기억할 필요가 있다. 예컨대, 방금 300만 원짜리 고사양 노트북을 구매한 사람은 5만 원짜리 워드 프로그램을 살 때 크게 망설이지 않는다. 그러나 평소에 이 프로그램만 별도로 구매해야 하는 상황에 처하면 값이 비싸다며 다른 방법이 없는지 고민할 것이다. 결혼식 비용으로 수천만 원을 치른 사람이 10만 원 정도의 부대 비용은 개의치 않는 것과 같다. 평상시라면 당연히 고민하고 이것저것 따져보겠지만, 비교 대상이 워낙 크면 '이 정도면 그냥 하지 뭐' 하고 넘어갈 확률이 높다. 같은 비용이지만 상대성으로 인해 다른 가치로 느껴지는 것이다. 이 사실을 망각하면 돈을 함부로 낭비하게 된다.

다시 황수신 이야기로 돌아가보자. 그의 재산이 얼마든 간에, 한 이랑의 땅, 한 사람의 노복은 그 자체로서 값어치가 있다. 나에게 100만 평의 땅이 있든 10평의 땅밖에 없든, 1평은 똑같이 1평이고 똑같이 소중하게 생각해야 한다. 홍콩 청쿵그룹의 리카싱 회장이 1센트짜리 동전을 바닥에 떨어뜨리고는 고집스레 찾으려 했다는 일화도 있지 않은가? 월마트의 설립자 샘 월튼이 왜 "부자들은 1센트의 소중함을 알고 있다"라고 말했겠는가? 황수신이 구두쇠 같고 인색해 보일지는 몰라도, 한 이랑의 땅, 한 사람의 노복을 중시했기 때문에 그만 한 부를 일군 것이다. 이처럼 상대성의 함정에 빠지지 않고 작은 재화도 소중하게 여기는 데서 부자와 보통 사람이 나뉜다.

요컨대 황수신은 공직자로서는 낙제점이다. 국가의 공신이자 영의

정까지 오른 인물이 개인의 이익을 위해 권력을 남용했으니 말이다. 정당하지 못한 부라는 점에서 절대 본받아서는 안 된다. 또한 그는 선비답지도 못했다. 지조를 지키지 못하고 상황에 따라 계속 처세를 바꿔갔으니 말이다. 하지만 '세상의 부침'을 주시하면서 신속하고도 능동적으로 대처한 점, 작은 이익도 중요하게 생각한 점은 부자에게 꼭 필요한 자질이라고 평가할 수 있다.

지역적 특성을 활용하다

김만덕

1796년(정조 20년) 11월 25일, 『조선왕조실록』에는 이런 기사가 실렸다.

제주의 기녀 만덕萬德이 재물을 풀어서 굶주린 백성을 구제해 살렸다
고 목사가 장계로 보고하였다. 상을 내리려고 하자 만덕이 사양하면
서 금강산을 유람하길 원하니 허락하고, 인근 고을에서 양식을 지급
하게 하였다.

제주도에 사는 만덕이라는 사람이 재산을 기부해 백성 구호에 이바
지한 공을 기려 금강산 여행을 보내주었다는 것이다. 당시 제주도민은
나라의 허락이 없으면 육지로 나오지 못했는데 특전을 배푼 것이다.

그런데 이 기록은 너무 간략하다. 만덕이 구체적으로 어떤 이바지
를 했는지는 나와 있지 않다. 대신 정조의 일기 『일성록日省錄』에 이
와 관련된 내용이 있다. 같은 해 6월 6일 자에 실린 제주목사의 장
계다. "노기老妓 만덕이 스스로 백미 60섬을 바쳤습니다. 만덕은 원
하는 것이 없는데도 재물을 가벼이 여길 줄 아니, 비천한 무리가 그
리하기란 참으로 어려운 일입니다." 여기서 '노기'란 은퇴한 늙은 기
녀를 말한다. 조선시대에는 기녀를 천하게 여겼는데, 그런 기녀 출신
이 무려 백미 60섬을 구휼미로 써달라며 자발적으로 헌납한 것이
다. 쌀을 8.6톤이나 내놓은 것이니, 제주목사로서는 깜짝 놀랄 수밖
에 없었을 것이다. 심지어 만덕은 육지에서 추가로 쌀 500섬을 구매
해 구호 곡식으로 사용하게 했다. 자신들만 윤리와 도덕을 이해하고
공공의 책무를 수행할 수 있다고 자부하던 사대부들은 '아니, 비천

1부 | 조선의 양반 · 상인 · 역관 · 중인 부자들

한 자가 저런 기특한 행동을?'이라고 생각했을 것이다.

아무튼 장계를 받아본 정조는 만덕이 무엇을 원하기에 막대한 재산을 내놓아 굶주리고 궁핍한 사람들을 도와준 것이냐며, 면천을 해주든 보상을 해주든 그가 원하는 대로 다 들어주라고 지시했다. 하지만 만덕은 어떠한 대가도 바라지 않았다. 단지 그에게는 소원이 하나 있었다. 제주목사의 후속 조치를 기록한 7월 28일 자 『일성록』의 내용을 보자.

신이 삼가 전하의 뜻을 받들어 만덕에게 알리니 만덕이 고하길, "저는 늙고 자식도 없으니 면천을 원치 않습니다. 다만 죽기 전에 소원이 있다면 한양과 금강산을 구경하고 싶습니다"라고 하였으므로, 그가 바라는 바에 따라 육지에 다녀올 수 있도록 허락해주었습니다.

정조는 감탄했다. 엄청난 재산을 기부했기에 무언가 바라는 바가 있으리라고 생각했는데, 단지 뭍으로 나아가 한양과 금강산을 보고 싶을 뿐이라니. 만덕이 한양에 올라오자 정조는 이렇게 지시한다. "만덕이 비록 천인賤人이나 의로운 기상은 옛날 정의로운 협객에 못지 않다. 지금은 겨울이니 봄이 올 때까지 양식을 주고, 곧바로 내의원 차비대령差備待令 행수의녀行首醫女로 충원하여 수의首醫에 소속시켜 각별히 돌봐주도록 하라. 그리고 금강산을 구경하고 제주도로 돌아갈 때 거쳐 가는 고을의 수령들에게 분부하여 양식과 경비를 넉넉

제주 김만덕 묘지 정면

히 주게 하라."[13]

만덕에게 임시로 내의원의 수석의녀라는 직책을 하사한 것은 궁
궐 출입과 한양 체류 경비 등 각종 편의를 제공하기 위해서다. 여기
에 어의御醫로 하여금 만덕의 건강을 보살펴주게 하고 여행 비용까
지 넉넉하게 지원해주었으니, 그야말로 최상으로 예우한 것이다. 이
는 조선 역사에서 전례가 없었던 일로, 만덕은 당시 지식인들로부터
도 많은 관심을 받았다. 정조가 규장각 초계문신들을 대상으로 만
덕에 대해 서술하라는 시험 문제를 냈고, 이가환·박제가·정약용이
만덕을 추켜세우는 글을 지었으며, 재상 채제공이 만덕의 일생을 기
록한 전기 「만덕전」을 집필했을 정도다.

그런데 안타깝게도 만덕에 관한 기록은 별로 남아 있지 않다. 단
편적으로 전해오는 흔적을 모아보면, 그는 양인良人으로 태어났지만
어렸을 때 부모님을 모두 여의고 생계를 잇기가 어려워 제주 관아의
기녀가 되었다고 한다. 채제공의 「만덕전」에서는 20여 세가 되었을
때 기녀 명부에서 빠져나와 다시 양인이 되었다고 하는데 확실하진
않다. 만덕은 기녀 시절에 근검절약하며 돈을 모았는데, 조선 후기의
문인 심노숭의 『효전산고孝田散稿』를 보면, 만덕의 "품성이 음흉하고
인색하여 남자가 돈이 많으면 따랐다가 돈이 떨어지면 떠나되 옷가
지마저 빼앗아서 지닌 바지저고리가 수백 벌이었다"라고 기록되어
있다. 심노숭은 만덕을 탐탁지 않아한 사람이니 그의 말을 모두 믿

---

13) 『일성록』, 정조 20년 11월 25일.

을 것은 없겠지만, 만덕이 악착같이 돈을 모은 것은 분명해 보인다.

이후 만덕은 장사로 눈을 돌렸는데, 처음 시작한 사업이 객주客主였다. 만덕이 정말로 객주업을 했느냐, 제주도가 객주업을 해서 돈을 벌 수 있는 환경이냐에 대해서는 이견이 존재하지만, 그가 육지와 제주를 오가는 물류사업에 관심을 가졌던 것은 사실이다. 주지하다시피 제주는 사면이 바다로 둘러싸인 섬으로, 육지로부터 물자를 공급받지 못하면 독자적으로 생존하기 힘들다. 특히 땅이 척박해서 쌀 등 곡식이 상시 부족했다. 반면에 최상등급의 말을 키우는 곳으로, 자연히 최고 품질의 양태涼臺와 총모騣帽, 즉 갓을 만드는 두 핵심 재료의 독점적 공급지이기도 했다. 감귤과 같은 특산품과 양질의 해곽海藿(미역)도 생산했다. 그러니 제주로 들여오는 것이든 제주 밖으로 나가는 것이든 물류가 중요할 수밖에 없었고, 많은 이윤을 얻을 기회도 많았다. 만덕은 이 점에 주목한 것이다.

만덕은 육지 상인들과 연계해 안전하고 신속한 유통망을 구축하고, 소규모 생산자들을 규합해 제주 특산물을 공급하는 우월적 위치를 확보했다. 그리고 양쪽의 가격 차이를 이용해 막대한 시세차익을 거두었다. 육지에서 온 장사꾼이 만덕으로 인해 패가망신한 경우가 많았다는 기록도 있는데, 아마도 상대의 사정을 봐주지 않는 공격적인 사업 방식을 취한 것으로 보인다. 이 과정에서 만덕은 그를 시기한 다른 상인들의 허위 신고로 고초를 겪기도 했다.

만덕이 이 단계에서 그쳤다면, 얼마나 많은 재물을 축적했든 사업이 위태로워졌을지도 모른다. 그의 사업 방식을 못마땅해하고, 더욱이 기녀 출신이라며 깔보는 사람이 많았기 때문이다. 이들이 힘을 합쳐 공격했다면 만덕은 속수무책이었을 것이다. 만덕이 대규모 재산을 희사해 백성 구제에 나선 것은 물론 순수하고 선한 의도였겠지만, 위와 같은 공격을 막아주는 효과도 가져왔다. 왕과 재상이 직접 만덕을 칭찬하고, 만덕에게 도움을 받은 백성들이 그의 덕을 칭송하니, 이후로는 감히 그에게 시비 거는 사람을 찾아보기 어려웠다. 만덕은 1812년 눈을 감으면서 양아들의 생활비를 제외한 모든 재산을 제주도의 가난한 백성을 위해 써달라며 기부했다. 부자의 사회적 책임을 보여준 훌륭한 모범으로 평가할 수 있다.

자신을 낮추어라

김근행

조선시대의 역관譯官 중에는 부자가 많았다. 역관들이 외국을 오가면서 수입상과 중개무역상 역할을 병행했기 때문이다. 개중에는 대규모 국제무역을 주도하며 거부의 반열에 오른 사람도 있었는데, 김근행金謹行(1610~?)이 여기에 해당한다.

김근행은 임진왜란 때 선조를 호종한 공로로 호성원종공신 1등에 봉해진 역관 김득기의 아들로, 17세기 인조에서 현종 대에 이르기까지 대일 외교의 제일선에서 활동했다. 또 김근행의 고모는 선조의 후궁 순빈 김씨로, 비록 중인이지만 무시할 수 없는 힘을 가진 집안이었다. 김근행은 1627년(인조 5년) 왜학倭學, 즉 일본어 역관 취재 시험에 합격했다. 그리고 조정에서 대마도주에게 파견하는 공식 외교사절인 '문위행問慰行'의 통역관이 되었다. 이후 대마도와 일본으로 가는 외교사절의 통역을 전담하다시피 했고, 1663년에는 직접 문위행을 책임지기도 했다. 이 과정에서 그는 탁월한 능력과 세심한 업무 처리로 찬사를 받았다고 한다. 덕분에 정2품 자헌대부 지중추부사에까지 오르게 된다.

이런 김근행이 많은 재산을 모으게 된 계기는 무엇이었을까? 그는 자기가 먼저 돈을 벌려고 나서지는 않았다. 워낙 실력이 뛰어나고 인품도 훌륭하다 보니 자연스레 일본 정계의 실력자들과 친분을 맺게 되었는데, 특히 대마도주와 교분이 두터웠다. 대마도주의 처지에서도 매번 바뀌는 사신보다는 그때마다 통역으로 함께 오는 김근행이 친근하고 믿음직스러웠을 것이다. 김근행은 이 신뢰 관계를 활용해, 대마도주가 조선에 사신을 파견하는 횟수를 줄이는 문제, 공

1655년 일본 화가 가노 야스노부가 그린 〈조선통신사〉

목작미公木作米를 조정하는 문제 등을 무난하게 조율하였다. 대마도에서 사신이 오면 조선 조정에서는 이들을 잘 대접하고 막대한 답례품을 하사해야 했으므로 재정적인 부담이 컸다. 공무역의 대가로 쌀을 지급하는 공목작미도 부담이었다.[14] 그러나 조선으로서는 상국이라는 체면 때문에 적극적으로 요구할 수도 없는 상황에서 김근행이 문제를 해결한 것이다.

이 밖에도 김근행은 자신의 일본 인맥을 활용해 조선 조정에서 필요한 일들을 처리해주었다. 당시 국방력 강화를 추진하던 조선은 화약 제조의 필수 원료인 유황 수급에 어려움을 겪고 있었다. 그렇다고 유황이 풍부한 일본에서 대놓고 수입했다가는 청나라로부터 문책을 받을 상황이었다. 이에 좌의정 원두표, 훈련대장 이완, 한성부 우윤 유혁연 등 군부의 수뇌들이 김근행에게 상의했고, 김근행은 밀수 형태로 유황을 사서 들여왔다. 『비변사등록』 효종 7년 3월 26일자 기사를 보면, 김근행이 유황 1만 5,000근을 수입해 왔는데, 전에 나라에서 구매한 것보다 3분의 1이나 싼 가격이었다고 한다. 이후에도 김근행은 유황 4만 근의 반입을 성사했으며, 조총·장검·화약 등 무기 수입에도 관여했다.

그런데 이 정도 규모의 유황과 무기를 비밀리에 반입하려면, 그것을 감출 만큼 큰 무언가가 필요했다. 김근행은 조정의 지원을 받아 일본으로부터 은·구리·후추·흑각黑角[15] 등을 수입하고 쌀·면직물·

---

14) 원래는 공무목公貿木이라 하여 무명을 지급했지만, 대마도의 요청으로 쌀로 대신 지급했다.
15) 검은빛이 나는 물소의 뿔. 활이나 관복 허리띠의 재료로 쓰인다.

유황

출처: 게티이미지뱅크

비단·인삼을 일본에 수출하는 대규모 무역 선단을 띄웠다. 무역 활동으로 위장하기 위해, 일본과 거래하고 싶은 조선 상인을 조선과 거래하고 싶은 일본 상인과 연결해주기도 했다. 여기에 대마도주를 비롯한 일본 측 실력자들도 김근행의 후원자가 되어주었으니, 그의 국제무역은 거칠 것이 없었다.

하지만 역관은 어디까지나 약자다. 김근행이 아무리 공신의 아들이요 순빈 김씨의 조카라 해도, 나랏일에 큰 공을 세워 당상관 벼슬까지 받았다 해도, 중인 역관 출신에 불과했다. 권세가가 마음만 먹으면 그의 기반쯤은 언제든 무너뜨릴 수 있고, 심지어 목숨까지 앗아갈 수도 있었다. 실제로 그가 중인 주제에 대감 소리를 듣고 엄청난 재산을 가졌다며 질시하는 사람들이 많았고, 그로 인해 김근행은 여러 번 곤욕을 치르기도 했다.

따라서 김근행은 처세에 각별하게 신경을 썼다. 당상관이었지만 질이 낮은 관자貫子와 갓을 착용했고, 관복이나 의복도 값싼 재질로 만들어 입었다. 사용하는 용품들도 모두 평범한 것이었는데, 사람들이 그 이유를 묻자 이렇게 대답했다.

내가 사용하는 물건이 화려하고 아름다우면 양반 귀족들이 탐낼 것이다. 내가 그것을 주지 않으면 인심을 잃게 될 것이고, 심하면 강제로 빼앗기거나 도둑맞을 수도 있다. 그렇다고 골고루 나눠줄 수도 없지 않은가? 대저 사치와 자랑은 화를 부르는 법이다.

김근행은 자손들에게도 결단코 사치하지 말고 물건을 자랑하지 말라고 당부했다고 한다.

조선 후기의 학자 심재가 지은 『송천필담松泉筆譚』에도 이와 관련한 일화가 등장한다. 후배 역관이 처세에 대한 가르침을 청하자, 김근행은 "역관은 직무상 필연적으로 높은 분을 모실 수밖에 없네. 하지만 틀림없이 망할 것 같은 가문 근처에는 얼씬도 하지 말게. 잘못하면 큰 재앙을 입고 말 걸세"라고 당부했다. 후배 역관이 '망할 것 같은 가문'은 어떻게 구별할 수 있는지 묻자, 그는 이렇게 대답했다고 한다.

집 앞에 수레와 말이 법석대는 자, 무뢰배 건달이나 이득을 챙기려는 무리를 모아다가 일의 향방을 따지고 이문을 취하려는 자, 점쟁이나 잡술가를 청해다가 공적인 일이건 사적인 일이건 길흉을 묻는 자, 거짓으로 말과 행동을 꾸며 선비인 체하는 자, 아침의 말과 낮의 행동이 다른 자, 으슥한 길에서 서로 작당하는 자, 항상 윗자리에 있어야만 직성이 풀리는 자는 반드시 망하고 말 걸세.

역관은 외교의 필수 요원일 뿐만 아니라 무역 상인으로, 나라 밖의 최신 정보를 가장 잘 알고 있는 존재이다. 그러니 역관보다 지위가 훨씬 높은 사람이라도 중국 조정의 동향이나 내부 사정을 알고 싶다든가 중국 또는 일본에서만 구할 수 있는 물품을 사고 싶다든가 할 때는 역관을 찾을 수밖에 없었다. 그리고 역관으로서도 권력자의 심기를 거스르면 활동하기 어려워지기 때문에 이래저래 그들을 잘 모셔야 한다. 한데 권력자가 몰락하면 그를 따르던 역관도 재앙을 입었다. 김자명 편에서도 소개하겠지만, 인조 후반기 최고 권신이었던 김자점이 실각하자, 그의 측근으로 청나라 쪽 소통 창구였던 역관 이형장이 참수된 바 있다. 그래서 김근행은 권력을 탐하고 탐욕스럽고 거짓되게 행동하고 음모를 꾸미길 좋아하는 사람은 반드시 몰락할 것이니 그런 사람 곁에는 얼씬도 하지 말라고 경계한 것이다. 또한 김근행은 "다른 사람이 자네는 누구의 사람이라고 말하는 일이 있어서는 안 되네"라고 조언했다. 권세가의 일을 도와주더라도 특정인의 줄에 서지 말라는 뜻이다. 내가 누구 라인이다, 누구의 파벌에 속한다는 인식을 심어주면, 정적이 그 권세가를 공격할 때 약한 고리인 나부터 표적으로 삼을 테니 말이다.

이처럼 김근행은 자신을 낮추고 신중하게 행동함으로써, 서인과 남인이 정면으로 충돌하는 혼란한 정국에서도 무사할 수 있었다. 높은 사람을 위해 일하더라도 반드시 그 사람의 됨됨이를 살피고 특정인에게 줄 서지 말라는 그의 당부는 지금을 살아가는 우리에게도 유용한 처세술일 것이다.

신뢰 자본이 힘이다

한순계

조선 선조 때의 대학자 소재 노수신과 율곡 이이, 우계 성혼이 자주 찾아가 날이 저물도록 이야기를 나눈 사람이 있다. 화담 서경덕이 함께 공부하자고 권유했던 이가 있다. 당대 최고의 지식인들로부터 시장에 숨어 사는 현인이라는 뜻에서 '시은市隱 선생'이라 불리며 존경받던 인물, 조선 중기의 유기鍮器 상인 한순계韓舜繼(1530~1588)다.

한순계는 무반武班 가문에서 태어났다. 할아버지와 아버지가 모두 군대 관련 직책을 맡았던 기록이 있다. 그런데 그는 어렸을 때 아버지를 여의어 하루하루 입에 풀칠하기도 버거울 정도로 궁핍하게 살았다고 한다. 그가 개성으로 이사 가서 유기 만드는 장인匠人이자 판매상이 된 것은 어머니를 봉양하고 생계를 꾸리기 위해서였다. 아무리 몰락했더라도 명색이 양반으로서 당시에 천시받던 공인, 상인의 길을 선택했으니 보통 결심이 아니었을 것이다.

그런데 한순계는 오래 지나지 않아 큰 성공을 일구었다고 한다. 개성에서 손꼽히는 부자가 되었다. 그 비결은 무엇이었을까? 성혼이 남긴 기록에 따르면, "그는 근검하고 나태하지 않았으며, 그가 만든 그릇은 모두 흠잡을 데 없이 훌륭하였고, 값을 높였다 낮췄다 하지 않았다"[16]고 한다. 제품을 생산하고 판매할 때 유념해야 할 기본 원칙은 '양질'의 제품을 '합리적인 가격'에 공급하는 것이다. 한순계는 흠잡을 데 없는 경쟁우위의 상품을 생산하면서도 폭리를 취하지 않았다. 항상 적정한 수준에서 일정하게 판매함으로써 소비자의 신뢰

---

16) 『우계집牛溪集』 6권, 「잡저」.

와 호응을 얻었다. 상품 한 개에서 얻는 이익을 줄이는 대신 제품에 대한 수요 자체를 늘림으로써 전체 이익을 증대한 것이다.

더욱이 한순계는 정직했다. 한번은 유기를 만들기 위해 사들인 구리 광석에 금이 가득 섞여 있는 것을 발견했다. 모른 척했다면 큰 이득을 남겼겠지만, 그는 주저하지 않고 광석을 판매한 원래 주인에게 돌려주었다. 그러면서 구리의 품질이 좋지 않아서 쓸 수 없다는 이유를 댔다. 판매자가 부담을 느끼지 않게 배려한 것이다.

이처럼 좋은 제품을 가지고 정직하게 사업하니 자연히 고객이 몰려들 수밖에 없었다. 공급이 따라가지 못할 정도였다. 한데 한순계는 "내가 어찌 이익을 독점하겠는가?"라며 고객을 다른 유기장이나 유기 상인들과도 연결해주었다. 고객을 오래 기다리게 할 수 없고 수요를 억지로 감당하느라 제품의 질이 낮아지는 것을 막겠다는 이유도 있었지만, 무엇보다 독과점을 부정적으로 보았기 때문이다. 독과점으로 경쟁이 사라지면 당장은 많은 이익을 거둘 수 있다. 품질에 크게 신경 쓰지 않아도 되고, 가격 결정도 마음대로 할 수 있다. 하지만 대체제가 없는 필수품이라면 모를까, 유기그릇 같은 상품은 소비자가 손실이 크면 아예 구매를 포기할 수도 있었다. 사기 등 다른 재질의 그릇을 쓰면 되니 말이다. 따라서 소비자를 묶어두려면 적정 수준의 품질과 가격을 유지해야 한다. 만약 이익을 늘리고 싶다면 하이엔드 상품을 만들어 가격을 인상하거나, 가격과 품질을 유지하되 제작 원가를 낮추거나, 가격은 그대로이되 품질을 향상해 소비자의 선호를 높여야 한다. 어느 쪽이든 기술 혁신을 위한 노력이 필요

유기그릇

출처: 게티이미지뱅크

한데, 여기에는 경쟁이 중요한 원동력으로 작용한다. 한순계는 경쟁자가 건강하고 강해지는 것이 자신에게도 도움이 된다는 생각에 공존을 선택한 것이다.

이 밖에도 한순계는 가난한 채무자에게는 돈을 갚으라는 말을 하지 않았다. 여건이 좋아져 돈을 갚겠다고 찾아오는 사람이 있으면, "네가 잘사는 모습을 보니 매우 기쁘다"라며 그 돈을 다시 주었다고 한다. 또한 한순계는 자기 자신에게 매우 엄격했고, 집안사람이 잘못을 저지르기라도 하면 스스로 두려워하고 깨달을 수 있도록 가르쳤다. 학문도 계속 닦았는데, 밤이면 유기 만드는 용광로 옆에 등불을 켜놓고 옛 성인들의 글을 읽었다고 한다. 그가 틈틈이 지은 시들은 매우 뛰어난 수준으로 평가받는다. 특히, 「산수가山水歌」는 지금도 유명하다.

푸른 물은 산을 싫어하지 않고
푸른 산은 물과 스스로 어울리네
넓고 큰 산과 물속에
오가는 한가한 한 사람

그의 이러한 인품과 학식이 알려지면서, 앞서 소개한 것처럼 그는 당대의 저명한 지식인들과 교류하고 그들로부터 진심 어린 존중을 받게 되었을 것이다. 다음과 같은 신비한 일화가 전해오는 것도 그에 대한 세상의 평가와 관련이 있다. 한번은 그의 어머니가 병이 들어

위독했던 적이 있었다. 의원은 "검은 집비둘기가 아니면 효험이 없을 것"이라고 처방했다. 하지만 아무리 수소문해도 검은 집비둘기를 구할 수가 없었다. 한밤중까지 이곳저곳을 헤매던 한순계가 절망에 빠져 길 위에서 슬피 울고 있을 때, 누군가 다가왔다. 그 사람이 "방금 꿈에 한 노인이 나타나 나에게 말하길, 여기로 오면 그대가 있을 테니 이것을 주라고 하였소"라며 검은 집비둘기를 전해주었다는 것이다.

이뿐만이 아니다. 한순계는 공동체에 대한 의무도 중요하게 생각했다. 개성유수가 그의 훌륭한 행실을 표창하겠다며 정역征役, 즉 조세와 부역을 면제해주려고 하자, 한순계는 그럴 수는 없다며 단호하게 거절했다. 그는 "호구戶口를 구성했으면 세금을 내고, 몸이 있으면 역을 부담하는 것이 백성의 본분입니다. 세를 물지 않고 부역을 하지 않는 사람을 어찌 백성이라 할 수 있겠습니까?"라고 말했다. 그리고 충분히 피할 수 있었는데도 불구하고 세 아들에게 빠짐없이 군복무를 시켰다. 공공의 의무를 준수하고 사회 지도층으로서 모범을 보인 것이다. 덕분에 한순계는 죽은 뒤에도 칭송받았다. 숙종이 그의 선행을 기리는 정려문旌閭門을 세워주었고, 영조는 그를 사헌부 지평에 추증했다. 영조 대의 학자인 성대중은 그의 전기인 『시은선생전』을 지어 남기기도 했다.

한순계의 정신은 자손들에게도 이어졌다. 1757년 정창순이 지은 『송도지松都誌』와 1881년 김이재가 편찬한 『중경지中京誌』를 보면, 개성을 대표하는 효자로 한순계의 4대손 한섬韓暹과 5대손 한태진韓泰

鎭이 기재되어 있다.[17] 한섬이 가업을 계속 이어가고 있고, 한태진은 '소시은小市隱'으로 불린다는 설명으로 볼 때, 자손들 역시 한순계의 가르침을 잘 따랐던 것으로 생각된다.

한순계의 생애를 요약하면, 성실과 정직, 이익 공유와 나눔, 원칙 준수와 책임 의식이라는 키워드로 정리할 수 있다. 그는 경쟁우위를 가진 우수한 품질의 제품을 생산하면서도 일관되게 '착한 가격'으로 소비자에게 공급했다. 독과점 위치에 오를 수 있었고 그렇게 해서 막대한 이윤을 창출할 충분한 힘이 있었는데도, 동종 업계와 이익을 공유함으로써 건전한 경쟁과 상생이 이루어지게 했다. 아울러 정직한 경영 활동을 통해 소비자와 동료 생산자, 판매자, 원료 공급자 등 그와 관계를 맺는 경제주체들이 모두 그를 신뢰하도록 만들었다. 특권이나 혜택을 거부하고 공인公人으로서, 공동체의 일원으로서 의무와 책임을 다한 점도 중요하다. 이러한 노력과 태도가 그의 신뢰 자본을 강화했고, 그의 명예를 높여 궁극적으로 더 큰 이익을 가져다주는 결과를 낳았다. 이는 신뢰 자본이 성공의 열쇠가 된다는 것을 보여주는 생생한 사례로, 이익을 위해서라면 주저 없이 부정과 탈법을 자행하고 공존이나 상생을 도외시하는 오늘날의 일부 기업에도 좋은 교훈이 될 것이다.

---

17) 한순계는 두 책에서 모두 '개성이 배출한 인물' 항목에 들어가 있다.

담대하게 승부해라

임상옥

의주에 살았던 임상옥이 재물을 잘 늘렸다. 양국의 이익을 움켜쥐고 왕실처럼 부를 누렸으니, 북경 사람들은 지금도 그의 이름을 거론한다.

구한말 황현이 쓴 『매천야록』의 한 대목이다. 조선과 청나라 간의 무역을 장악해 막대한 부를 축적했으며 죽은 지 50년이 지났는데도 사람들의 입에 오르내렸다는 임상옥林尙沃(1779~1855). 그는 어떤 인물이었을까?

임상옥이 대중에게 알려진 것은 20여 년 전 최인호 작가가 쓴 『상도』라는 소설과 동명의 드라마를 통해서다. 올곧은 성품과 뛰어난 상재商才를 지닌 주인공이 시련을 딛고 성장하는 이야기가 많은 이로부터 사랑을 받았다. 한데 특히 드라마에서 다룬 일화들 중에는 허구가 많았다. 상인의 이상적인 모델을 제시하려 했던 탓인지, 다른 유명 상인들의 일화까지 임상옥의 것으로 만들어버렸다. 물론 그렇다고 해서 임상옥이라는 인물의 가치가 줄어들지는 않는다. 그는 명실상부 조선 후기를 대표하는 거상巨商이었다. 다만 임상옥에 관한 자료가 매우 드물어서, 그의 상업 활동이나 부의 축적 과정을 자세히 살피기가 어렵다. 조선일보사에서 1988년에 출간한 『조선명인전』 하권에 독립운동가이자 역사가인 문일평 선생이 쓴 임상옥 전기가 수록되어 있어서, 그 내용을 토대로 소개하고자 한다.

문일평에 따르면, 임상옥은 의주의 상인 집안에서 태어났다. 의주가 청나라와의 국경 지역에 자리한 덕분에, 그는 자연스레 국제무역에 관심을 두게 된다. 그의 젊은 시절은 순탄하지 못했다. 스물여덟 살에 아버지가 돌아가셨는데, 집안 형편이 어렵고 빚도 산더미처럼 쌓여 있어서 상중임에도 불구하고 계속 장사에 나설 수밖에 없었다고 한다. 그러던 임상옥이 불과 10년 후 수백 칸의 대규모 저택을 지을 정도로 부자가 되었다. 이런 일이 어떻게 가능했을까? '포삼包蔘', 즉 포장한 홍삼 무역을 독점했기 때문이다.

홍삼은 18세기 중반부터 본격적으로 생산되었고, 중국에서 선풍적인 인기를 끌었다. 조선 조정은 1797년(정조 21년) 홍삼 무역을 공식 승인함으로써 국가 재정을 확충하고자 했는데, 임상옥이 다른 만상灣商, 즉 대청 무역에 종사한 의주 상인 다섯 명과 함께 홍삼 무역을 관장하게 된다. 이때 임상옥은 독점권을 따내기 위해 호조판서 박종경에게 접근했다고 한다. 순조의 외삼촌이자 국가 경제를 총괄하던 박종경이 모친상을 당하자, 백지 어음을 부의금으로 내서 호감을 샀다는 것이다. 문일평의 글에는 이때 임상옥이 4,000냥을 냈다고 기술되어 있는데, 쌀값을 기준으로 오늘날의 가치로 환산하면 약 3억 원 정도다. 백지 어음이든 4,000냥이든 거액의 뇌물을 써서 사업권을 가져온 것이니 칭찬할 만한 일은 못 되겠지만, 통 큰 행동이었음은 분명하다.

그런데 포삼 무역을 담당했던 여섯 상인 중 오직 임상옥만이 큰 성공을 거두었다. 청나라 상인들과 벌인 치킨게임에서 이겼기 때문이다. 당시 조선은 개인의 사무역을 금지하고 사신단을 통한 공무역만 허용했기 때문에, 임상옥도 사신단을 따라 북경에 갔다. 한데 청나라 상인들이 조직적으로 짜고 아무도 임상옥이 가져온 홍삼을 사려 하지 않았다. 사신단의 체류 기한이 정해져 있으니 마지막까지 시간을 끌면 어쩔 수 없이 헐값으로 넘기리라 생각한 것이다. 제한된 시간 안에 홍삼을 팔지 못하면 막대한 손해를 볼 수밖에 없는 조선 상인의 처지를 노린 것이다. 청나라 상인들은 이 방식으로 이미 여러 차례 재미를 본 바 있었다.

하지만 임상옥은 그들의 간계에 넘어가지 않았다. 임상옥은 청나라 상인들을 불러모은 뒤 가져온 홍삼을 폐기하겠다고 선언한다. 상인들이 설마 그러겠느냐 생각하고 코웃음을 치자, 임상옥은 포삼 상자를 모두 쌓아놓고 불을 질렀다. 깜짝 놀란 상인들은 앞다퉈 불을 끄며 자신에게 홍삼을 팔라고 사정했다고 한다. 청나라 상인들의 경쟁으로 홍삼 값은 천정부지로 뛰었고, 임상옥은 열 배에 가까운 이윤을 남길 수 있었다.

당시 청나라에서는 조선 홍삼의 공급이 수요보다 한참 부족해서 부르는 게 값이라고 할 정도로 귀했다. 조선 상인이 비싸게 판다 해도 홍삼을 구할 수만 있다면 큰돈을 벌 수 있었다. 따라서 홍삼 거래가 불발되면 청나라 상인으로서도 손해였다. 그런데도 조금이라도 더 이익을 보려고 배짱을 부린 것이다. 자기들이 담합한다면 불리한 처지에 있는 임상옥이 양보할 거라고 확신했다. 그런데 임상옥은 그와 같은 예상을 뒤엎고 강하게 반격한 것이다. 무릇 치킨게임에서 승리하려면 절대 양보하지 않는다는 신호를 보내야 한다. 동시에 상대방이 예측 불가능하게 움직여야 한다. 그럼으로써 공포를 심

홍삼

출처: 게티이미지뱅크

어줘야 하는 것이다. 정면으로 충돌했을 때 양쪽 다 피해를 보는 상황이라면, '미치광이 전략Madman Strategy'을 구사하는 사람이 이기고 두려워서 먼저 피하는 사람이 지게 된다. 임상옥은 담대하게 이런 전략을 구사함으로써 대청 홍삼 무역의 주도권을 장악하게 된다.

그에게는 운도 따랐다. 1810년 130근이었던 홍삼 수출량이 1823년에 1,000근, 1832년에는 8,000근이 되는 등 폭발적으로 증가한 것이다. 이와 같은 성장기에 홍삼 수출을 전담하고 청나라 상인들까지 굴복시켰으니, 그에게 재물이 쏟아지는 것은 자연스러운 일이었다. 이즈음 임상옥의 집에는 은덩이와 비단이 산처럼 쌓여 있었다고 한다. 회계 업무를 보는 서기가 70명이었고, 한 번에 손님 700명을 대접할 수 있을 정도로 그의 재산 규모는 어마어마했다.

그런데 이렇게 돈이 많아지면 이를 노리는 사람도 늘어나게 마련이다. 임상옥을 몰락시키면 그의 막대한 재산을 빼앗을 수 있다는 생각에 온갖 트집과 모함이 난무했다. 더욱이 임상옥의 뒤를 봐주던 박종경도 탄핵을 받아 실각한 상황이었다. 실제로 그의 자택 규모가 참람할 정도로 크다 하여 대부분이 헐리고, 옥에 갇혀 목숨이 위태로운 적도 있었다. 이에 임상옥은 나라에 이바지함으로써 안전을 보장받고자 했다. 홍경래의 난이 일어나자, 그는 정부군에 군수물자를 지원하고 의병을 모아 직접 맞섰다. 굶주리는 백성을 위한 구휼 자금으로 1만 냥을 국가에 기부했고, 몇 년 후에는 다시 화재 의연금으로 수천 냥을 내놓았다. 다른 부자들의 기부액의 열 배가 넘는 수준이었다.

당시 비변사가 올린 계사[18]에 따르면, 임상옥이 낸 의연금 덕분에 재해를 입은 가구들이 생계를 이어갈 수 있었다고 한다. 순조는 "재물을 가벼이 여겨 구휼을 위해 내놓는다는 것은 어려운 일인데 매우 가상하다"라며 조정에서 임상옥의 공을 어떻게 표창할 것인지 보고하라고 지시했다. 이에 따라 임상옥에게 곽산군수, 구성부사와 같은 실직이 내려졌는데, 상인이 큰 공을 세우더라도 명예직만 받았던 전례에 비하면 이례적인 일이었다. 임상옥이 평안도민의 존경을 받았기 때문에 그를 통해 민심을 다독이려 했던 것으로 보인다. 이는 그가 함부로 건드릴 수 없는 위치에 올랐음을 의미하기도 한다. 변방의 상인에서 관직에 오른 양반이자 왕이 주시하는 인물이 되었으니 말이다.

이후에도 임상옥은 공공사업이나 구휼을 위해 써달라며 재산을 계속 기부했다. 선의에 의한 행동이었지만, 자기를 지키려는 계산도 없지는 않았을 것이다. 막대한 기부가 그를 지켜주는 든든한 보호막이 되었음은 분명하니 말이다. 정리하면, 담대한 승부와 아낌없는 기부가 거상 임상옥을 만든 성공의 비결이라고 말할 수 있다.

---

18) 『국역 비변사등록』 220책, 순조 32년 6월 11일(국사편찬위원회 한국사데이터베이스, http://db.history.go.kr/id/bb_220r_001_06_0070, accessed 2024. 03. 17.)

위기는 기회다

김세만

1719년(숙종 45년) 7월 11일 자 『조선왕조실록』에 이런 기사가 실렸다. "경강京江의 백성 김세만에게 절충장군의 품계를 주었다." 김세만金世萬(생몰연대 미상)은 조선 후기 한강을 근거지로 나라의 세곡 운송을 담당했던 경강상인이다. 쌀로 공납을 대신하는 대동법이 전국적으로 확대되면서 쌀 운송 수요가 대폭 늘어나자, 김세만은 이를 기회로 활용해 미곡 운반 및 판매로 큰돈을 벌었다. 한데 이런 상인에게 명예직이긴 해도 정3품 당상관의 품계를 내리다니, 무슨 이유에서였을까?

당시 김세만은 장사를 위해 쌀 100석, 약 1만 4,400킬로그램의 물량을 해상으로 운반하다가 황해도 용매진이라는 곳에서 배가 뒤집히는 사고를 당했다고 한다. 다행히 이를 본 진영鎭營 병사들이 신속하게 구조에 나서 목숨을 건졌고 쌀도 무사할 수 있었다. 죽음의 문턱에서 살아 돌아온 김세만은 배에 실었던 쌀을 전부 기부하기로 했다. 그는 이렇게 말했다.

제가 만약 물에 빠져 죽었다면 어차피 이 쌀은 모두 다른 사람의 차지가 되었을 겁니다. 다행히 살아났으니, 이 쌀을 진영에 복무하는 병사들을 위해 씀으로써 목숨을 구해주신 호생지덕好生之德을 갚고자 합니다.

아무리 고마워서라지만, 쌀 100석을 사기 위해 쓴 돈과 100석을 팔아 얻을 수 있는 기대수익을 모두 포기한다는 것은 보통 결심이 아니었을 것이다.

그런데 김세만의 결정이 오로지 순수한 의도에서였을까? 물론 은
혜를 갚고 싶은 마음이 컸겠지만, 치밀한 계산도 따랐을 것이다. 우
선 사고가 난 황해도에는 기근이 닥쳐 많은 사람이 굶주리고 있었
다. 곡식이 절실하게 필요한 상황이었다. 다음으로 해상 운송을 하
려면 관官의 협조가 필요하다. 특히 용매진은 한양에서 평양, 의주로
이어지는 물길의 요충지여서, 진을 관장하는 부대와 친해지면 이래
저래 도움을 받을 수 있었다. 마지막으로, 바닷물에 젖은 쌀은 제값
을 받고 팔기가 힘들다. 즉 어차피 헐값에 넘겨야 하므로, 용매진에
서 간절히 필요로 하는 쌀을 쾌척함으로써 관의 환심을 사고 민심
도 얻은 것이다. 많은 비용이 들긴 했지만 '김세만'이라는 브랜드의
파워를 높였으니, 장기적으로 손해 보는 일은 아니었다. 아니, 이 사
실이 중앙 정부에 알려져 당상관 품계까지 받았으므로 오히려 남는
장사였는지도 모른다. 용매진 첨사를 비롯하여 도호부사, 목사, 군
수, 현감 등 지방관들이 그보다 품계가 낮았으니 말이다. 관으로부
터 예우를 받았을 뿐 아니라, 나라에서 발주하는 사업을 수주하기
에도 유리해졌다. 큰 선행으로 벼슬을 제수받았다는 명성은 덤이고
말이다.

아울러 김세만은 이 사고를 사업 전반의 질을 높이는 계기로 삼
았다. 그는 높은 임금을 주고 우수 인력을 대거 영입했다. 당시 조선
은 도로가 잘 닦여 있지 않았기 때문에 주로 수로를 통해 대량 운
송이 이루어졌다. 국가의 세곡 운송을 대행하던 경강상인이 이를 주

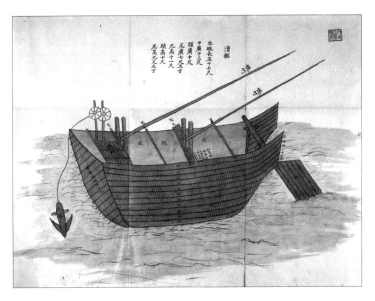

『**각선도본**各船圖本』**에 실린 조선시대의 조운선**漕運船

(조운선은 국가에 내는 조세미租稅米**를 지방의 창고에서 경창**京倉**으로 운반하던 선박이다)**

출처: 서울대학교 규장각한국학연구원, 자유이용가

https://kyudb.snu.ac.kr/contents/content_detail.do?ridx=1&code=A09&sort=&limit=20&listtype=grid&year=

도했는데, 그러려면 튼튼한 배와 정밀한 항해술이 필수적이었다. 세곡을 운반하는 배는 반드시 육지에서 지켜볼 수 있는 수로로만 운항해야 했기 때문이다. 세곡선이 난파할 경우 신속하게 인명과 곡식을 구해야 한다는 이유도 있었지만, 혹시라도 중간에 세곡을 빼돌리는 일이 없도록 감시하기 위해서였다. 아무튼 연안의 얕은 바다를 운항하다 보니 암초에 걸리기 쉬웠고, 자연히 선박 건조 기술과 항해술이 발달하게 되었다. 김세만은 여기에 만족하지 않고 업계 최고의 실력자들을 스카우트함으로써 안정성과 수송 속도를 함께 높였다. 이러니 김세만의 상선으로 고객이 몰린 것은 당연한 일이었다.

그뿐만이 아니다. 배가 침몰하면 사업 전체가 위태로워질 수 있음을 직접 경험한 김세만은 사업 다변화를 꾀했다. 그가 '여객주인旅客主人'업에 뛰어든 이유다. '여객주인'이란 한양에 올라오는 지방 상인에게 숙박을 제공하고 물건을 보관해주는 사람을 말한다. 이들은 지방 상인과 한양 상인을 중개해주는 역할도 했다. 조선 후기의 '객주'가 바로 이 '여객주인'이다. 그런데 여객주인업 자체는 본래 이익을 많이 거두기 힘든 사업이다. 숙박비, 보관료, 중개 수수료를 받는 것이 전부고 금액 역시 크지 않았다. 여객주인의 수가 많았기 때문에 경쟁도 치열했다.

그렇다면 김세만은 어떻게 이 여객주인업에서 큰 이익을 볼 수 있었을까? 그는 지방 상인의 화물을 맡아주고 보관료를 받는 대신, 자기에게만 물건을 맡기고 판매를 위임한다는 조건으로 오히려 대가를 지급했다. 번거로운 판매도 대신 해주고 물건 값에 보관 이자까지 받을 수 있으니, 자연히 지방 상인들이 김세만에게 몰려올 수밖에 없었다. 이를 기반으로 김세만은 아예 특정 지역이나 특정 상품을 취급하는 상인 모두와 계약을 맺었다. 가령 충청도 태안·서산·보령·홍주洪州(홍성) 지역 상품의 거래권을 전부 차지했다. 이들 지역은 충청도 해안의 고을로, 김세만이 사실상 충청도의 물류를 독점했음을 의미한다.

이 밖에도 김세만은 황해도 등 다른 지역에도 진출해 큰돈을 벌어들였다. 특히 그는 정보전에서 우위를 차지했는데, 배를 타고 여러 지역을 다니는 경강상인의 특성에 각 지역의 소식들이 한데 모이는 여객주인의 장점을 활용했기 때문이다. 김세만은 각 지역의 상황이나 물가, 필요한 물품을 신속히 파악해 적시에 대응함으로써 경쟁자들을 압도했다.

정리하면, 김세만은 목숨을 잃을 뻔했던 커다란 위기를 사업 성장의 기회로 삼은 것이다. 만약 그가 바닷물에 빠진 쌀을 팔아서 조금이라도 손해를 메꾸겠다고 생각했다면, 쌀 전량을 흔쾌히 기부하지 않았다면, 그에게 절충장군이라는 벼슬이 내려지는 일은 없었을 것이다. 민관으로부터 존경을 받으며 '김세만'이라는 브랜드의 가치가 높아지는 일도 없었을 것이다. 그는 단기적인 손해를 감수하고 통크게 결단함으로써 장기적인 이익을 창출한 것이다.

또한 김세만은 배가 침몰하는 상황을 직접 경험하면서, 언제고 같은 위기가 닥칠지 모르니 철저히 대비해야 한다고 생각했다. 우수한 항해사를 대거 영입해 안전성을 제고한 것은 그래서이다. 이는 고객

만족도를 높이는 결과로 이어졌다. 아울러 김세만은 모든 역량이 한 곳에 집중되어 있으면 위기에 취약하다고 판단했다. 그래서 여객주인업으로 사업을 확장했으며, 이 사업이 기존의 해상운송업과 시너지를 일으켜 막대한 이윤을 창출하게 되었다. 위기를 수습하는 데 급급한 것이 아니라, 위기를 계기로 삼아 사업 역량을 강화해 성공을 거둔 좋은 사례이다.

적을 줄여라

변승업 가문

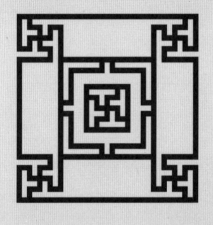

연암 박지원이 지은 「허생전許生傳」에는 서울에서 제일가는 부자인 변씨가 등장한다. 일면식도 없는 허생이 찾아와 "내가 무엇을 좀 해보려고 하는데 집이 가난하여 돈이 없소. 그대가 1만 냥을 빌려줄 수 있소?"라고 묻자, 그는 "좋소!" 하고는 곧바로 1만 냥을 내주었다. 쌀값을 기준으로 환산하면 약 36억 원 정도의 거금을 담보도 없이 선뜻 빌려준 것이다. 곁에 있던 사람들이 놀라서 "어찌 누군지도 모르는 자에게 그런 큰돈을 빌려주십니까?"라고 묻자, 변씨는 이렇게 대답한다.

남에게서 무언가를 얻고자 하는 사람은 대개 자기 능력을 거창하게 떠벌리고 자신이 믿을 만한 사람임을 강조한다. 한데 낯빛이 비굴하고 같은 말을 반복하기 일쑤다. 저 손님은 비록 차림새는 남루하지만, 말에 군더더기가 없다. 눈빛이 당당하여 부끄러워하는 기색도 보이지 않는다. 이는 그가 재물이 없어도 만족하는 자라는 것을 의미하니, 그가 시도해보겠다는 일 또한 평범하지 않을 것이다. 내가 그에게 거는 기대가 크다.

「허생전」은 소설이고 허생 역시 가상의 존재지만, 변씨는 실존했던 인물이다. 역관으로 정3품 절충장군에 오른 변계영卞繼永이 모델이다. 그는 중국에 자주 드나드는 역관의 신분을 이용해 무역으로 큰돈을 벌었다. 청나라에서 고급 비단을 사다가 국내 상인에게 이윤을 붙여 파는 식이었다. 그런데 변계영을 진짜 부자로 만든 것은 다름

因而収之承業大喜曰此都城中萬户命脉也奈何
一朝絶之函遽之承業既老戒其子孫曰吾兩弟公
卿多獨東國論為家計者辭及三世矣國中之為財
者視吾家出入為髙下是亦國論也不敢且及禍故
其子孫蕃而縶大貧寠者承業既老多散之也
余亦言有尹暎者嘗道下承業之富其貸財有自来
富甲一國至承業時火衰方其初起時莫不有命存
焉觀許生事可異也許生竟不言其名故世無得而
知者云暎之言曰
許生居墨積洞直抵南山下井上有古杏樹柴扉向

「허생전」이 실려 있는 박지원의 『열하일기』 중 「옥갑야화」

아닌 사람에 대한 투자였다. 그는 싹수가 보이는 인재가 있으면 조건을 달지 않고 전폭적으로 후원해주었다. 소설에서 허생에게 그랬듯이 말이다. 그 인재들이 변계영의 재산을 늘리는 데 크게 이바지했다.

변계영이 쌓은 부는 그가 죽은 뒤에도 사라지지 않았다. 변계영의 아들로 종2품 가선대부를 제수받은 역관 변응성卞應星은 슬하에 9남 1녀를 두었는데, 이 중 두 아들이 한학(중국어) 역관, 다른 두 아들이 몽학(몽골어) 역관, 또 다른 두 아들이 왜학(일본어) 역관이 되었다. 역관 가문으로서의 능력도 능력이지만, 조선이 교류하는 모든 외국과 무역할 수 있는 기반이 만들어진 것이다. 형제끼리 협력하면 중개무역도 가능하고 말이다. 실제로 변씨 가문은 청나라의 비단을 가져다 일본에 풀고, 일본의 은銀을 청나라로 가져가는 등 청-일본 중개무역으로 막대한 부를 축적했다.

그뿐만이 아니다. 변씨 가문은 외교에 공을 세우면서 연이어 당상관을 배출했다. 변계영과 변응성에 이어 변승업이 종2품 가의대부 동지중추부사, 변승업의 형 변승택이 정2품 통정대부 절충장군, 또 다른 형 변승형이 정2품 자헌대부 지중추부사에 제수되었다. 변승업의 장남 변이창도 정2품 자헌대부에 봉해졌다. 특히 동지중추부사와 지중추부사는 명예직이 아닌 실직으로, 최고 관료이자 양반의 반열에 오른 것이다. 그런데 이처럼 어느 한 집안이 잘나가면 주위의 집중 견제를 받게 된다. 아무리 당상관이 되었다고는 하나, 출신이 중인 계급이었으니 양반 지배층의 눈에 곱게 보일 리도 없었다. 더욱이 변씨 가문이 무역을 통해 돈을 벌고 재산을 증식하기 위해서는 정치권력의 도움이 필요했다. 즉 집권 세력과 밀착해야 유리한데, 그러다 보면 반대 세력과는 자연히 적을 지게 되었다. 이는 가문의 앞날에 큰 리스크였다. 변웅성의 아홉째 아들로 변씨 가문의 3세대를 대표했던 변승업卞承業(1623~1709)은 이 문제를 고심했다.

본래 변씨 가문은 서인을 후원했다. 한데 현종 때 예송논쟁 이후 서인과 남인의 대결이 극단으로 치닫자, 변승업은 남인의 경제적 후원자였던 인동 장씨 집안과 사돈을 맺었다. 변씨 가문과 더불어 조선 역관의 양대 축이었던 장씨 가문은 장현張炫(1613~1695)이라는 걸출한 역관을 배출했다. 중국을 오가며 외교 전선에서 활약한 장현은 거대한 재산을 일구어 '국중거부國中巨富', 즉 나라의 큰 부자로 불렸다. 이 장현의 종질녀가 그 유명한 장희빈이다. 변승업은 맏아들 변이창卞爾昌을 장현의 딸과 혼인시켰다. 변승업의 여섯째 형 변승준卞承俊의 손자와 손녀도 장씨 집안과 결혼했다. 변승업의 당고모가 장희빈의 외조모이기도 하다. 두 집안이 혼인으로 견고하게 연결된 것이다. 덕분에 변씨 가문은 남인 집권기에도 무사할 수 있었다. 후에 남인이 몰락하고 서인이 노론과 소론으로 분열했을 때는 양 당파에 막대한 정치자금과 뇌물을 제공했고, 철저하게 몸을 낮춤으로써 살아남았다고 한다.

변승업이 만년에 50만 냥, 지금의 화폐가치로 약 1,800억 원에 이르는 채권 장부를 불태워버린 것도 그 연장선상이다. 1709년(숙종 35년), 변승업의 병환이 깊어지자, 아들들이 "시일을 오래 끌면 좋지 않으니 꿔준 돈을 그만 거둬들이는 것이 어떻겠습니까?"라고 물었다.

아버지가 살아 계실 때 채권을 정리해야지, 돌아가신 후에는 자칫 나 몰라라 하는 사람이 나올 수도 있다고 생각한 것이다. 채권이 아니라 현금으로 유산을 상속받고 싶은 마음도 있고 말이다. 하지만 변승업은 고개를 저었다. "한양에 사는 사람 중에 내 돈을 빌리지 않은 사람이 없다. 그런데 갑자기 돈을 회수하자니, 그들의 명맥을 하루아침에 끊으려는 것이냐?"

변승업은 손수 채권 장부를 폐기하고, 절대로 그 돈을 돌려받을 생각을 하지 말라고 엄명을 내렸다. 그는 말했다.

내가 보건대, 권세가 있거나 재물을 모은 사람 중에서 삼대를 넘기는 이가 없었다. 지금 이 돈을 흩어버리지 않는다면 장차 우리 집안에 재앙이 닥칠 것이다.

높은 이자를 붙인 것도 아니고, 자기가 빌려준 돈을 정당하게 회수하는 것조차 포기할 필요가 있느냐 싶겠지만, 이는 변승업이 가문을 보호하기 위해 심사숙고해서 내린 결정이었다. 빚을 탕감해줌으로써 사람들의 질시에서 벗어나고 민심을 얻으려는 목적도 있었지만, 돈을 갚기 싫어서 변씨 가문을 공격하려는 자들을 막기 위해서였다. 생각해보자. 한다 하는 권세가들도 변승업에게 돈을 꾸었다. 그런데 막상 갚으려니 아깝다. 변승업이야 노련한 거물이니 맞상대하기 어렵다 해도, 변승업의 아들들이야 만만할 터이다. '변승업이 죽고 나면 두려워할 게 뭐가 있겠는가. 차라리 우리가 손을 잡고 저 집안을 몰락시킨다면, 돈을 갚지 않아도 될 뿐 아니라 변씨 집안의 재산까지 차지할 수 있지 않을까?' 하는 마음을 품을 수 있다. 역사를 보면 그렇게 몰락한 부자가 한둘이 아니다. 변승업은 차제에 그럴 가능성을 차단함으로써 가문의 안전을 지키고자 한 것이다.

자, 그렇다면 변승업이 죽은 후에 그의 집안은 어떻게 되었을까? 역관으로서 4대가 당상관을 지내며 한양 제일의 부자로 승승장구했던 변씨 가문은 얼마 지나지 않아 혼란에 휩싸였다. 변승업의 장남 변이창이 조카 변정로를 양자로 삼았다가 파양하고 다른 조카 변정태를 양자로 들였는데, 변정태가 먼저 죽으면서 변정태의 아들 변국신이 가문을 계승하게 되었다. 그러자 변국신이 못마땅했던 변이창은 변정로 대신 변정태를 양자로 삼은 것이 본인의 뜻이 아니라며 죽은 변정태를 파양하게 해달라고 예조에 요청했다. 조정에서는 죽은 사람을 파양한 일이 없었다며 주저했지만 변이창의 요구를 들어준다. 한데 변이창이 죽자 변국신이 상주가 되겠다고 나섰고, 변씨 집안의 친척들이 이를 문제 삼으면서 소송전이 벌어졌다. 변이창이 남긴 막대한 재산을 차지하기 위한 다툼이었다. 1734년의 『영조실록』과 『승정원일기』를 보면, 이 일로 다섯 달 넘게 시끄러웠음을 알 수 있다. 이에 대해 영조는 "부자지간의 큰 윤리를 마치 어린아이 장난으로 보아 아침에는 변정태로 하였다가 저녁에는 변정로로 하여 국법을 두려워하지 않았다"[19]라며 만약 변이창이 살아 있었다면 처

---

19) 『승정원일기』, 영조 10년 5월 3일.

벌했을 거라고 강하게 비판했다. 왕에게 단단히 찍힌 것이다. 그 뒤로 변씨 가문은 눈에 띄는 자취를 남기지 못한다. 변승업의 노력으로 외부의 리스크는 막았지만, 내부 분열로 큰 상처를 입은 것이다.

변씨 가문의 사례는 오늘날에도 유효한 교훈을 준다. 첫째, 돈은 사람이 벌어다 주는 것이다. 좋은 인재를 발견했다면 과감하게 투자할 필요가 있다. 둘째, 부를 유지하기 위해서는 외부 리스크를 잘 관리해야 한다. 변승업의 방식이 꼭 정답은 아니겠지만, 적을 줄이고 공격당할 여지를 미리 차단한 점을 본받을 필요가 있다. 이 과정에 드는 비용을 아까워하다가는 더 큰 손해를 보게 될지도 모른다. 마지막으로 내부 단속이다. 멀쩡했던 기업이 자손들의 재산 다툼으로 망가지는 모습은 요즘도 낯설지 않다. 특히 상속이나 후계 문제를 명확하게 정리함으로써 내부 갈등을 예방해야 한다. 내가 죽은 뒤에 자손들이 어떻게 행동할지는 알 수 없지만, 최소한 내가 그 빌미를 제공하는 일은 없어야 하지 않을까?

강점을 악용하다

김자명

조선 인조에서 효종 대에 이르기까지 한양의 상계를 좌지우지하던 인물이 있다. 시각장애인이자 점쟁이였던 김자명金自鳴이다. 그의 영향력이 어느 정도였냐면, 한양의 시장 상인 중 김자명의 돈을 빌리지 않은 이가 없고, 그가 돈을 어떻게 움직이느냐에 따라 도성 안의 물가가 널뛰었다고 한다. 다만 김자명에 관한 자료는 거의 남아 있지 않고 생몰 연대도 불분명하다. 그나마 야사라서 사실에 부합하는지도 의문이다. 그래도 한때를 풍미했던 부자로서 곱씹어볼 만한 점이 있어 소개하고자 한다. 김자명이 부를 쌓은 방법에 대해서는 한국콘텐츠진흥원 문화콘텐츠닷컴[20] 자료를 참고했다.

김자명이 부자가 된 데는 점쟁이로서의 능력이 토대가 되었다. 물론 그가 아무리 점을 잘 치고 복채가 비싸다고 하더라도, 그것만으로는 한양의 상계를 장악할 정도의 자본력을 갖출 수 없었을 것이다. 김자명은 큰 부자였던 역관 이형장李馨長(?~1651)의 재산을 가로챔으로써 종잣돈을 만들었다고 한다. 이형장은 인조 때의 역관으로 청나라의 앞잡이 노릇을 하며 막대한 부를 축적했으며, 김자점의 역모 사건에 연루되어 처형당했다. 죽기 직전에 김자명이 이형장의 점괘를 뽑아준 적이 있는데, 앞으로의 운세가 깜깜하여 아무것도 나오지 않았다고 한다. 곧 죽는다는 뜻이었다. 김자명은 "지금껏 그대의 뒷배가 되어주던 귀인이 이제는 그대를 해치는 재앙이 될 것"이라고 경고했다고 한다. 이형장은 인조 말기의 최고 실력자이자 친청

---

20) 현재는 운영하지 않고 있으며 자료도 찾아볼 수 없게 되어 있다.

파 김자점의 총애를 받아 승승장구했는데, 바로 김자점으로 인해 발목이 잡힌다는 의미였다. 놀란 이형장이 어떻게 해야 액운에서 벗어날 수 있겠냐고 묻자, 김자명은 "혹시라도 꼬투리를 잡히면 안 되니, 평소 모아둔 금은보화를 '신당神堂'에 숨겨놓으시오. 그러면 조정에서도 찾아내지 못할 것이고 그대도 이내 곤란한 처지에서 벗어날 수 있을 것이오"라고 대답했다. 압수수색을 당해 부정하게 축적한 재물이 발견되면 더욱 힘든 처지에 놓이게 될 것이니, 미리 찾기 힘든 곳에 감춰두라는 말이었다.

그러던 와중에 사건이 터졌다. 효종이 즉위하면서 실각한 김자점은 당시 조정에서 논의되던 '북벌北伐' 계획을 청나라 사신에게 누설했다. 청나라의 도움을 받아 자신의 위상을 되찾고 눈엣가시였던 산림山林을 제거하기 위해서였다. 하지만 김자점은 뜻을 이루지 못했다. 조선 조정에서 청나라 사신에게 막대한 뇌물을 제공해 입을 막았고, 영의정 이경석과 예조판서 조경이 책임을 떠안고 의주 백마산성으로 귀양을 감으로써 사건이 무마되었기 때문이다. 이때 김자점의 사주를 받아 북벌 계획을 청나라 사신에게 알린 사람이 바로 이형장으로, 그는 사신이 귀국하자마자 체포되었다. 그러자 그의 아내가 전 재산을 궤짝에 담아 몰래 김자명이 점을 치는 신당으로 옮겨왔다. 남편이 자신의 신상에 무슨 일이 생기면 모두 김자명에게 맡기라고 했다면서 말이다. 김자명이 이 재산을 꿀꺽한 것인데, 본인은 "나라에 알렸다가는 자기도 연루될까 두려웠다"고 변명했지만, 이후의 행적으로 볼 때 재물에 대한 욕심이 앞섰던 것으로 보인다. 만약 그에게 조금의 양심이라도 있었다면 귀양 가거나 관노가 된 이형장 일가를 도왔을 것이다. 같은 일파로 몰릴까봐 걱정됐다 하더라도 마음만 먹었다면 얼마든지 몰래 도와줄 수 있었을 테니 말이다.

아무튼 김자명은 이렇게 탈취한 재산에 자신의 복채 수입과 고리대 이자 수익을 더해 상당한 부를 쌓았다. 그러나 여기서 만족하지 않았다. 김자명은 돈을 벌기 위해서라면 기만과 협잡도 마다하지 않았다. 그는 산지와 시장의 시세 차이가 큰 물품, 오래 보관할 수 있으며 양반이나 부자들이 주로 찾는 상품을 독점했다. 예컨대 곶감이 막 생산되었을 때는 가격이 싸다. 김자명은 이때 곶감을 모두 사들여 창고에 보관한 후 꽁꽁 묶어두었다. 시간이 흘러 사람들이 명절 차례상을 준비하거나 수정과를 만들려고 하는데 곶감을 구하고 싶어도 구하지 못하는 상황이 되었다. 공급이 부족해 곶감 가격이 몇 배나 폭등했고, 김자명은 그제야 상품을 출하시켰다.

그런데 그가 단순히 사재기만으로 돈을 번 것은 아니다. 그는 자신의 재주를 이용해 사람들을 속이고 본인이 원하는 대로 상황을 조작했다. 예를 들면, 돈을 꾸러 온 상인에게 올해 곶감을 취급하면 운수대통할 거라는 점괘를 주었다. 그러면서 자기가 돈을 빌려줄 테니 곶감을 대량으로 사들이라고 권유했다. 채무를 상환할 때 돈 대신 곶감으로 갚으라고 안심시키면서 말이다. 동시에 이 점괘를 외부로 흘리면, 신통한 점쟁이 김자명이 고른 품목이라며 상인들이 너도 나도 곶감을 사겠다고 달려들었다. 김자명에게 돈을 꾼 상인은 이내 절망할 수밖에 없었다. 본인이 사러 나서기도 전에 산지의 곶감이

씨가 말랐기 때문이다. 그런데 김자명에게 상환할 곶감의 물량은 작년 가격 기준으로 정해놨으니, 상인은 큰 손해를 볼 수밖에 없었다. 김자명에게 항의하기도 어려웠다. 적어도 돈을 빌린 이후에 곶감 가격이 폭등했기 때문이다. 이처럼 김자명은 사람들의 마음을 이용해 돈을 긁어모았다

이것으로 끝이었을까? 아니다. 김자명은 자신의 점치는 능력을 다양하게 악용했다. 혼인날을 받으러 온 사람에게 폐백에 쓸 밤과 대추는 부정을 타지 않아야 한다며, 넌지시 자신이 물건을 공급하는 상점을 추천했다. "시댁 어른들께 사랑받으려면 모름지기 폐백에 정성을 다해야 하네. 어디 소문내지 말고 조용히, 내일 아침 시장 동쪽 ○○ 점포에 가서 밤과 대추를 사시게. 기운이 좋은 물건을 파는 곳이니 효험이 있을 걸세. 혹 부정을 탈지 모르니 절대로 값을 깎지 말게." 과연 소문이 나지 않았을까? 김자명이 저 가게의 물건이 그렇게 좋다고 추천했다며 삽시간에 소문이 퍼졌다. 또 과거시험 답안지로 쓰는 '명지名紙'는 반드시 특정 지물전에서 사야 행운이 따른다는 점괘를 주기도 했다. 그러면 너도나도 그 지물전으로 몰려가 종이를 사서 금세 동이 났다. 다른 가게에 비해 값이 비싸더라도 개의치 않았다. 상황이 이와 같으니, 김자명이 소유한 가게는 큰돈을 벌 수밖에 없었고, 상인들이 너도나도 찾아와 자기 가게를 잘 봐달라며 뒷돈을 바치고 아부했다.

하지만 수단과 방법을 가리지 않고 돈을 모으는 데 정신이 팔려서일까? 그는 아들 교육에 실패했다. 사치와 향락에 빠진 외아들이 돈

을 펑펑 써대는 바람에 집안의 기둥뿌리가 뽑힐 지경이었다. 김자명이 점치는 일을 그만두고 직접 장사에 나서 수습하려 했지만 얼마 지나지 않아 세상을 뜨고 만다. 그의 아들은 끝내 버릇을 고치지 못한 채 흥청망청하다가 이리저리 떠돌며 밥을 구걸하는 처지가 되었다고 한다. 불과 2대 만에 망해버린 것이다.

자, 이런 김자명이라는 인물을 어떻게 보아야 할까? 그가 정말 점을 잘 쳤느냐, 점이 과연 신뢰할 만한 것이냐는 이 글의 주제가 아니니 접어두기로 하자. 중요한 건 사람들이 김자명을 당대 최고의 점쟁이라고 생각했다는 점이고, 그는 이와 같은 자신의 평판을 돈을 버는 데 활용했다는 사실이다. 얼핏 장사와 상관없어 보이는 '점'이라는 기술을 가지고 홍보 마케팅에서 우위를 차지했고, 시장 상황을 자신의 의도대로 조정했다. 자신의 장점을 접목해 시너지를 일으킨 것이다. 그러나 이 과정에서 김자명은 남을 속이고 사기를 치는 일도 서슴지 않았다. 그가 일찍 죽지 않았더라도 이내 한계에 부딪혔을 것이다. 자신의 강점을 이용해 경쟁력을 키우되 선을 넘어선 안 된다는 것, 이것이 김자명이 주는 교훈이다.

구한말과 일제시대의 부자들

폭넓은 안목과 이익의 극대화

김요협

경성방직주식회사(현 [주]경방)를 설립하고 동아일보를 창간했으며 보성전문학교(현 고려대학교)를 인수한 김성수金性洙(1891~1955)와 삼양사(현 삼양그룹)를 창업한 김연수金季洙(1896~1979) 형제. 일제강점기 호남의 대표적인 엘리트이자 기업가인 두 사람은 가문의 막대한 재산 위에서 성공을 일구었다. 그런데 불과 삼대 전만 해도 그들의 집안은 가난했다고 한다. 형제의 할아버지 김요협金堯莢(1833~1909)이 가세를 일으켜 세우기 전까지는 말이다.

김요협은 전라남도 장성군에 살던 선비 김명현의 셋째 아들로 태어났다. 애초에 재산이 별로 없는 집안이었지만, 유산이 장남에게 대부분 상속되던 당시 풍습상 그마저도 기대할 수 없는 상황이었다. 한데 전라북도 고부 지역의 거부 정계량이 이런 그를 사위로 맞이한다. 김요협의 사람됨이 출중하기도 했지만, 그가 호남을 대표하는 대학자이자 문묘文廟에 배향된 하서 김인후의 11대손이었기 때문이다. 문묘에 배향된 학자는 우리 역사를 통틀어 단 18명으로 엄청난 위상과 권위가 있으며, 그 명예는 후손에게 고스란히 이어졌다. 즉 김요협 가문은 호남을 넘어 조선 전체에서도 손에 꼽을 만한 '뼈대 있는 집안'이었던 것이다. 정계량은 김요협을 사위로 삼는다면 그가 가진 '사회적 명예'를 자신의 가문에 이식할 수 있다고 생각했다. 요즘에도 돈 많은 부자 집안이 명망 있는 교육자 집안과 사돈을 맺듯이 말이다.

이렇게 정계량의 사위가 된 김요협은 처가 인근의 흥덕군, 현재의 고창군 부안면으로 이주했다. 그리고 장인으로부터 약간의 전답을

2부 | 구한말과 일제시대의 부자들

받았는데, 이것이 바로 김씨 가문이 쌓은 거대한 부의 시작이었다. 도대체 김요협은 어떻게 재산을 불려나간 것일까?

우선 안목이다. 김요협은 자신의 소유지를 넓힐 때 동북쪽 평야 지대가 아닌 서북쪽 바다 방향을 택했다. 호남평야의 왼쪽 가장자리이다. 그곳이 상대적으로 땅값이 싼 이유도 있었지만, 간척을 통해 토지를 확장하기 쉬웠기 때문이다. 또한 김요협은 줄포의 지리적 장점을 알아보고 주로 이 일대의 땅을 사들였다. 이후 1875년부터 줄포에 항만이 조성되고 줄포항이 전라북도 쌀 무역의 집산지로 성장하면서 김요협은 큰 이익을 거두게 된다. 훗날 손자 김연수가 이곳에 정미소와 선착장을 세우고 선박을 운영하는 등, 김씨 집안 쌀 수출의 거점이 되었다.

다음으로 거론할 수 있는 것은 소작농 관리 방식이다. 한국 근대사 연구의 권위자 카터 J. 에커트에 따르면, 김요협과 그의 아들들은 소작농을 압박해 소작료를 극대화하는 방식을 채택했다고 한다. 매년 소작농을 교체하면서 소작료를 인상하고, 소작료를 책임질 보증인을 내세우게 했다는 것이다. 하지만 동시에 김요협은 지주와 소작농이 수확물을 일정한 비율로 나눠 갖는 '분익소작제(타조법)'가 아니라 수확량과 상관없이 매년 일정한 소작료를 받는 '정액소작제(도조법)'를 정착시키고자 노력했다. 시대마다, 지역마다 워낙 다양한 형태로 행해져왔기 때문에 일반화하기는 어렵지만, 보통 '분익소작제'에서는 지주가 수확물에서 종자種子 비용과 전세를 공제하고 수익을 나누었다. 이에 비해 '정액소작제'에서는 지대 징수율을 낮춰주는

군위향교 김요협청덕선정비

대신 전세와 종자 비용을 소작인에게 부담하게 한다. 각기 장단점이 있으므로, 합리적이고 정상적인 방식으로만 운영한다면 두 제도 사이에 우열 관계는 존재하지 않는다. 다만 '정액소작제'의 경우 소작농이 추가로 얻는 수확물은 오롯이 자기 소유가 된다. 열심히 일할수록 더 많이 벌 수가 있는 것이다. 즉 김요협은 소작의 세습을 인정하지 않음으로써 이익을 극대화했고, 보증인을 세우게 함으로써 소작료를 안정적으로 거두었다. 대신 소작인에게는 소득을 늘릴 기회를 주었다. 소작농의 생존권을 위협했다는 점에서 냉혹하다고 평가할 수 있지만, 자본의 축적이라는 측면에서는 효율적인 방식이었다.

마지막으로 김요협은 관직에 진출해 정치적 위상을 확보했다. 그는 과거시험을 보지 않은 상태에서 1872년(고종 9년) 선공감繕工監의 감역이 된다. 종9품의 낮은 벼슬이었지만, 선공감은 토목과 영선營繕을 담당하는 관청으로 오늘날의 국토교통부 역할을 했다. 각종 이권이 몰려 있는 부서의 실무자가 된 것이다. 또한 이후에는 의금부 도사, 영릉 참봉, 상서원 별제, 사옹원 주부 등을 역임했는데, 앞의 세 자리는 명예직에 가깝지만, 사옹원은 대궐에서 사용하는 식재료를 총괄하는 관청이다. 왕실용 도자기를 생산하는 '광주요'도 소유하고 있었다. 주부는 사옹원의 실무를 책임지는 자리로, 요컨대 김요협은 상인·공인과 접점이 많은 이권 부서를 두루 거친 것이다. 이때 얻은 정보와 인맥이 어떤 형태로든 그의 재산 형성에 긍정적인 영향을 주었을 것으로 짐작된다.

그뿐만이 아니다. 김요협은 전라남도 화순군수, 전라북도 행行[21] 진안현감, 경상북도 군위군수를 두루 역임했다. 매관매직이 성행하던 시절이므로 김요협 역시 돈으로 관직을 산 것이 아니냐고 주장하는 사람이 있지만 근거는 없다. 조선시대에는 문묘에 배향된 선현의 자손에게 관직을 내리는 관행이 있었으니, 김인후의 후손이라는 덕을 보았을 수는 있다. 그렇더라도 그가 뒤이어 정3품 비서원승祕書院丞, 종2품 가선대부 시종원 부경 등 왕을 가까이서 모시는 고위직에 오른 점을 볼 때, 적어도 능력이 없는 인물은 아니었을 것이다. 어쨌든 김요협의 이러한 관계 활동은 그의 집안과 재산을 보호하는 바람막이 역할을 해주었고, 지역사회에서 김씨 가문의 지위를 높이는 결과를 가져왔다.

이제 김요협이 어떻게 재산을 불렸느냐는 질문으로 돌아가보자. 그는 폭넓은 안목으로 개발이 유력시되는 토지에 장기적으로 투자했다. 부를 지키고 더 많은 이익을 창출하기 위해 정치권력을 이용하고 냉혹하게 결정하는 일도 주저하지 않았다. 그의 이러한 성향은 자손들에게도 고스란히 이어진다. 그의 둘째 아들 김경중은 토지 가격이 폭락할 것으로 예측하고 대다수의 지주들이 토지를 사들이느라 혈안이었을 때 참고 기다렸다. 그러다 지가가 추락하자 매점에 나서 재산을 불렸다. 김경중의 두 아들[22] 김성수와 김연수 형제는

---

21) 품계가 관직보다 높을 때 붙이던 호칭이다. 반대로 품계가 관직보다 낮을 때는 수守라는 호칭을 붙였다.

22) 이들 중 김성수는 큰아버지 김기중의 양자로 갔다.

김요협의 손자 인촌 김성수
출처: 위키미디어 커먼즈, 퍼블릭 도메인
https://commons.wikimedia.org/wiki/File:Inchon_Kim_
Seongsu.jpg

섬유공업의 중요성을 인지하고 이를 선도했다. 나아가 두 형제는 동아일보, 중앙학교, 보성전문학교, 경성방직, 남만방적, 삼양사 등 교육-언론-상공업을 아우르는 거대 기업 집단을 구축했는데, 이것이 한국형 '재벌'의 시초로 불린다. 그 출발점이 바로 김요협이었던 것이다.

세상의 변화를 읽어라

김기덕

Q: 사업적 견지에서 만주로의 진출을 어떻게 생각하십니까?

A: 퍽 유망하다고 봅니다. 조선 안에 어디 큰 사업이라고 할 만한 것이 있습니까? 이미 다 자리를 잡은 셈이니까요. 지역이 넓은 만주 방면에서 기회를 얻을 수 있을 겁니다.

Q: 앞으로 문화사업이나 교육사업에 얼마나 힘을 기울이실 작정입니까?

A: 지금에야 다 하고 싶지만 어디 그렇게 됩니까? 나는 무슨 일이든 다 그러하지만, 그때를 당해서 일을 해놓은 뒤에 이렇다저렇다 말하지, 그 전에는 입 밖에 말을 꺼내지 않으렵니다.

Q: 지금 가진 재산이 얼마나 됩니까?

A: 글쎄요.

Q: 토지는 얼마나 됩니까? 전 재산의 반 이상이 토지겠지요?

A: 네, 역시 토지가 많은 편이지요.

Q: 돈에 대해 어떻게 생각하십니까? 흔히 100만 원, 1,000만 원 대에 이르는 거부가 되면 재물에 관한 자신만의 철학이 생긴다고 들었습니다만.

A: 돈이란 1,000~2,000원, 1만~2만 원일 때는 개인의 재산입니다. 하지만 100만 원, 1,000만 원이 되면 사회의 공재公財를 내가 잠시 맡고 있을 뿐인 거죠.

Q: 그렇다면 그 많은 재산을 자손에게 물려주실 생각인지요? 유산 상속을 어떻게 하실 건지, 그리고 유산에 관한 동양의 도덕과 습관에 대해 어떻게 생각하시는지 듣고 싶습니다.

A : 자손에게 많은 재산을 물려주는 데 찬성하지 않으며, 결코 좋은 일이라고도 생각하지 않습니다. 자손에게는 교육을 주고 인격을 줄 일이지, 돈을 물려줄 것이 아니라고 봅니다.

1935년 12월 1일 자 『삼천리』에 실린 대담 기사를 요약해 현대어로 옮긴 내용이다. 이 대담에서 답변을 한 사람은 김기덕金基德(1892~1953)이다. 그는 조선-만주-러시아를 잇는 중개무역을 해서 큰돈을 벌었다. 성품이 담대하며 협객의 풍모를 지녔던 그는 독립운동에 자금을 지원했으며, 함경북도 청진에 청덕학교와 청덕전기학교를 세우고 서울 한성상업학교를 후원하는 등 다양한 교육사업을 벌이기도 했다.

이 당시 자수성가한 부자들의 공통점이기는 하지만, 김기덕은 어린 시절에 매우 가난했다고 한다. 그는 함경북도 부령 지방의 가난한 농가에서 태어나 인근 청진으로 이사했는데, 청진은 1908년 개항 이후 동북 지역을 대표하는 국제항구로 성장하고 있었다. 이곳에서 김기덕은 국제무역과 해외 국가들에 관심을 가지게 되었고, 특히 일본어가 중요하다는 생각에 일본어 공부에 매진했다. 덕분에 일본 상선회사의 측량기사로 일할 수 있었고, 오사카로 건너가 약 2년간 머물면서 일본 상인들과 폭넓게 교류하기도 했다. 이때의 경험이 그에게 큰 자산이 되었다.

1915년 조선으로 돌아온 김기덕은 청진에 해산물 무역회사를 설립하고, 북만주 지역에는 목재회사를, 다롄에는 곡물 무역회사를 세우며 무역업에 뛰어들었다. 그는 연해주와 함경도 연안에서 잡히는 해산물을 내륙에 팔아 이윤을 남겼고, 만주 평야의 곡물을 수입해 국내에 판매했다. 1932년 일본의 괴뢰 국가인 만주국이 수립되면서 만주 일대에 건설 붐이 일고 목재 수요가 급증하자, 북간도 지대의 광대한 숲에서 나무를 벌채해 수출하기도 했다. 특히 두만강과 압록 강 연안에서 목재회사와 제재회사를 대규모로 운영했는데, 다량의 침목과 전주를 철도국에 납품해 큰돈을 벌었다.

그런데 김기덕이 '벼락부자 중에서도 최고의 벼락부자'라 불릴 정 도로 막대한 재력을 갖게 된 것은 이들 사업 때문이 아니었다. 김기 덕은 사업을 통해 얻은 이익의 대부분을 나진과 웅기 지역의 토지 를 매입하는 데 투자했다. 그는 일본이 폭증하는 인구문제를 해결하 고 새로운 시장을 개척하기 위해 만주와 몽골을 침략할 것으로 판 단하고, 두만강 남단에 일본 본토와 한반도, 만주, 러시아를 잇는 새 로운 거점 항구가 신설될 거라고 예상했다. 그래서 기존 항구인 청 진에 인접한 지역이자 대초도와 소초도 두 섬이 천연의 방파제 역 할을 하는 나진에 주목했다. 웅기, 즉 지금의 선봉 지역 또한 북한이 '나진·선봉 경제무역 지대'를 만들었을 정도로 천혜의 항구이자 요 충지여서 그의 관심을 끌었다. 김기덕은 1914년경부터 이 일대의 땅 을 사들이기 시작했는데, 세계 경제 대공황으로 100만 원 가까운 부 채를 지는 등 어려움을 겪으면서도 토지 매입을 중단하지 않았다. 그러던 1932년 8월 25일, 일본 정부가 '대륙정책을 결행하는 최대의 관문'으로 나진항 건설을 결정하면서 그가 소유한 땅 값이 천정부지 로 치솟아오르게 된다.

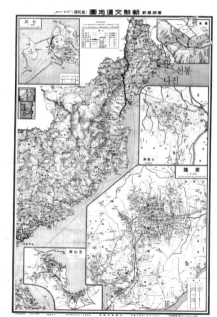

김기덕의 나진·웅기 지역 투자 관련 기사, 경성일보 1938년 4월 15일

출처: 국립중앙도서관 대한민국 신문 아카이브, 자유이용가

https://nl.go.kr/newspaper/detail.do?content_id=CNTS-00129272036

알려진 바에 의하면, 이때 김기덕은 나진에 150만 평, 웅기에 300만 평의 토지를 소유하고 있었다고 한다. 대초도와 소초도도 미리 사들여놓았는데, 항구로 사용할 땅이 모두 그의 소유였을 정도다. 물론 항구 건설에 필요한 토지 수십만 평은 일본 총독부에 수용되면서 상대적으로 낮은 가격의 보상을 받았다. 그래도 처음에 산 가격에 비하면 수십 배에 이르는 액수였다. 더욱이 나진항이 국제적인 무역도시이자 군사도시로 개발되리라는 전망에 웅기 지역을 포함해 주변 땅값이 백 배가 넘게 폭등했다. 그가 거둔 시세 차익이 막대했을 거라 짐작할 수 있다. 이를 토대로 그가 구축한 재산이 1,000만 원, 지금의 화폐가치로 수조 원에 이른다는 기사도 실렸다.

이러한 김기덕에 대해, 앞에서 소개한 잡지 『삼천리』는 "미지수의, 무한대의 금을 가지고 있다고 하여 반도를 들썩이게 하는 분으로" "만주국이 성립하고 관북의 나진항이 극동의 중요한 국제무역항이자 군항이 되면서 거부로 떠올랐다", "광막한 인생의 벌판에 빈주먹만 들고 나서서, 앞날을 내다보는 밝은 안목과 남보다 뛰어난 지략과 여기에 천재일우의 기회가 한데 뭉쳐서 일약 백만장자 소리를 듣게 되었다"라고 극찬했다. 해방 후 김기덕은 남쪽으로 내려와 고려흥업주식회사를 창립, 중석重石을 해외에 수출해 성공했다고 하는데, 자세한 내용은 알려지지 않았다. 한국학중앙연구원에서 편찬한 『한국민족문화대백과사전』은 김기덕이 죽은 해를 1953년이라고 기록하고 있지만, 단기 4288년(서기 1955년)판 『대한연감』에는 김기덕이 1955년 11월 30일 현재 한국합동기업주식회사 사장으로 재직 중이라고 기재되어 있어, 사실관계가 정확하지 않다. 다른 행적들도 불분명해서 안타까움이 남는다.

이상으로 김기덕이 사업에 성공하고 많은 재산을 모을 수 있었던 것은 시대의 변화를 읽어내고 선제적으로 대응했기 때문이다. 또 그는 당시 동북아시아에서 국제무역을 하는 데 필수 역량이라고 할 수 있었던 일본어 실력과 일본 인맥을 쌓았고. 만주국 건국과 철도 부설을 지켜보며 목재 수요가 폭증하리라는 것을 예측했다. 이 중 백미는 나진항 개발을 예상하고 10년 넘게 준비했다는 점이다. 국제 정세와 동북아 각국의 정치·경제 상황에 대한 깊은 안목 그리고 치밀한 분석이 없었다면 불가능한 일이었다.

집념이 만들어낸 행운

최창학

서울 종로구 평동 강북삼성병원 앞에는 우리 현대사에서 중요한 건물 한 채가 자리하고 있다. 대한민국 임시정부의 주석 백범 김구가 귀국 후부터 1949년 6월 26일 암살당할 때까지 집무실이자 거처로 사용했던 경교장京橋莊이다. 이승만의 이화장과 더불어 해방 정국의 중심이었던 경교장은 일제강점기의 거부 최창학崔昌學(1891~1959)의 소유였다. 최창학이 지인인 독립운동가 김석황을 통해 이 집을 임시정부에 제공했는데, 김구가 서거한 후 다시 가져갔다고 한다. 이승만 정권에 찍힐까 두려워서라는 설도 있다. 최창학이 죽은 뒤 경교장은 삼성그룹에 팔렸고, 강북삼성병원의 현관으로 쓰이다가 2013년 복원되어 현재에 이르고 있다.

그렇다면 경교장의 옛 주인 최창학은 어떤 인물이었을까? 일제강점기에 금광 개발로 엄청난 재산을 모은 그는 민영휘, 김성수와 더불어 조선의 3대 갑부로 꼽혔다. 최창학은 어려운 집안 형편을 딛고 인생 대역전의 신화를 썼다. 벼락부자 중의 벼락부자, 천만장자, 광산왕, 금광왕, 황금귀라는 별명에서 알 수 있듯이, 민중의 동경과 질투를 함께 받았다. 그의 성공기를 소재로 한 설화가 만들어지고, 이광수와 채만식의 소설에서도 언급될 정도다.

알려진 바에 따르면, 최창학은 어린 시절에 매우 가난했다고 한다. 끼니를 거르는 날이 많아 힘들었던 그는 커서 꼭 부자가 되겠다고 다짐했다. 이런 그의 눈에 들어온 것이 금광이었다. 당시 평안북도에는 미국이 채굴권을 가진 운산금광이 매년 100만 달러가 넘는 금을 생산하고 이웃 창성군에서도 대유동금광이 운영되는 등 대규

경교장

출처: 대한민국역사박물관 근현대사 아카이브, 공공누리 제1유형

https://archive.much.go.kr/

모 금광 지대가 자리하고 있었다. 스무 살이 되던 해, 최창학은 자기도 금맥을 발견하겠다며 괴나리봇짐과 곡괭이 하나를 짊어진 채 집을 나섰다. 일확천금을 노리는 무모한 도전이었다. 그 후로 10년, 갖은 고생에도 포기하지 않고 평안북도 전역을 헤매던 그는 마침내 고향 구성군 인근에서 금맥을 찾아냈다. 최창학은 삼촌에게 돈을 빌려 채금採金을 시작했는데, 몇 달 만에 수백만 원을 보유한 거부가 될 정도로 금이 쏟아져나왔다. 한양의 좋은 집 한 채 값이 1,000원이던 시절이니, 그 규모를 짐작해볼 수가 있다. 조선에 '황금광시대' 열풍을 불게 만든 삼성금광三成金鑛의 출발이다.

이후 최창학은 삼성금광을 키워 일본 회사 미츠이에 300만 원(130만 원이라는 기록도 있다)이라는 거금을 받고 팔았고, 그 돈으로 평안북도 삭주 지역에 새로운 금광을 물색했다. 그런데 이 과정에서 시련을 겪는다. 회사에 불이 나서 큰 손해가 났고, 무장 강도단이 쳐들어와 죽을 고비를 넘기기도 했다. 당시 삭주 일대에는 강도들이 자주 출몰해 거침없이 살인과 약탈을 일삼았는데, 그로 인해 금광을 찾겠다며 몰려든 소규모 광산 주인들은 이내 포기하고 떠나버렸다. 그러나 최창학은 오히려 통 큰 투자에 나선다. 매물로 나온 광산들을 모두 사들인 것이다. 이 밖에도 평안북도의 광산 수십 개를 인수해 금광을 개발했는데, 양질의 금광은 직접 경영하고 품질이 좋지 않은 금광은 임대해서 수입을 올렸다고 한다. 삼성금광처럼 일본 대기업에 되팔아 큰 차익을 거두기도 했다.

한데 최창학은 일제강점기의 여느 부자들이 그랬듯 친일 행적을 보였다. 특히 경성으로 이사한 후에는 총독부 기관지 매일신보의 주주 발기인과 상무취췌역[23], 조선임전보국단 이사, 국민정신총동원조선연맹 발기인, 경성부 육군 지원자 후원회 이사 등 친일 단체의 요직을 두루 맡으며 일제의 침략전쟁 및 강제징용·징병에 적극적으로 협력했다. 그가 낸 국방헌금 역시 다른 부자들을 압도할 만큼의 거액이었다. 자신이 이룬 부를 지키기 위해 어쩔 수 없던 측면도 있었겠지만, 매우 적극적이었다는 점에서 변명의 여지가 없다.

다만 최창학에 대한 민중의 인식은 다른 친일 부자들과 비교하면 상대적으로 괜찮은 편이었다. 1931년 2월 1일 자 잡지 『삼천리』의 기사를 보자.

> 민영휘는 지나간 시대의 유물인 양반 계급에서 태어난 덕택으로 권세를 휘둘러 부를 쌓은 권세가요, 김성수씨는 조선의 곡창지대인 전라도 출생으로 비록 권세는 없었을지언정 이식利殖과 경리에 눈이 밝은 호농豪農(대지주)의 후예로 태어난 까닭에 수백만의 재산을 세습한 행운아이고, 최창학씨는 사람들이 하나같이 불행하다고 생각하는 극빈한 가정에서 태어나 갖은 고초와 시련을 맛보다가 호박이 굴러들어와 하루아침에 졸부가 된, 말하자면 제3계급에 속하는 극히 미천한 불운아였던 것이다.

---

23) 취체역取締役은 지금의 주식회사 이사理事에 해당한다.

최창학 국방헌금 및 학교 설립 기부 기사, 매일신보 1941년 7월 1일

출처: 국립중앙도서관 대한민국 신문 아카이브, 자유이용가

https://nl.go.kr/newspaper/detail.do?content_id=CNTS-00095093378

민영휘는 지배 계급의 일원으로 권력을 이용해 막대한 재산을 불렸고, 호남 대지주의 아들 김성수는 상속받은 재산이 많았던 반면, 최창학은 찢어지게 가난한 집안 출신이면서 운이 좋아 부자가 되었다는 것이다. 말하자면 대중에게 '나도 저렇게 될 수 있지 않을까?'라는 희망을 품게 하는 존재였다. 더욱이 "민영휘와 김성수는 방법은 다를지언정 사람에게서 돈을 번 것에 비해, 최창학은 자연을 상대로 땅속에서 돈을 벌었다"라고 평가받았다. 그로 인해 민영휘와 김성수는 질시와 비난의 대상이 되었지만, 최창학에 대해서는 "세상 사람들이 그의 재물을 부러워할지언정 결코 그것을 원망하거나 저주하지 않았"는데, "자연을 착취한 재물은 사람을 착취한 재물처럼 불순하거나 잔인하지 않기 때문"이었다.

이에 더해 최창학은 막대한 재산을 사회에 환원했다. 그가 환원한 재산은 다른 큰 부자들의 열 배가 넘는 수준으로, 단순히 체면치레하는 차원이 아니었다. 우선 삼성금광을 매각할 당시 채권을 포기하는 형태로 지역 사람들에게 30만 원을 기부했으며, 금광에서 일하던 광부들에게 임금 외에 추가로 곡식과 면포를 나눠주었다. 지역 사회와 근로자들이 도와준 덕분에 돈을 벌었으니 수익을 공유하겠다는 뜻이었다. 또한 평안북도 조악공립보통학교의 건물을 지어 부지와 함께 기증했고, 보성전문학교 증축비로 1만 원, 경성공업학교 광산과 신설비에 3만 원, 오산고등보통학교에 5만 원을 희사하는 등 교육사업에도 돈을 아끼지 않았다. 이때의 인연으로 훗날인 1957년 2월 7일, 최창학은 오산고등보통학교, 현 오산고등학교의 4대 이사장으로 취임하기도 했다. 남강 이승훈이 설립한 오산학교는 독립운동과 민족정신의 상징과도 같은 기관으로, 비록 광복 후의 일이긴 하지만 최창학이 이사장이 되었다는 것은 그에 대한 세상 사람들의 평가가 여느 친일 부자들과는 다소 달랐음을 보여준다.

이렇듯 최창학의 생애를 살펴보면 운이 크게 작용했음을 알 수 있다. 금광이라는 건 시간과 품을 들였다고 해서 누구나 발견할 수 있는 것이 아니다. 최창학이 삼성금광을 찾아낸 것은 어디까지나 운이었다. 만약 이 행운이 따르지 않았다면, 최창학은 그저 평범한 광산 일꾼으로 생을 마쳤거나 일확천금을 노리다 쓸쓸하게 죽어갔을 것이다. 하지만 10년에 걸친 집념이 없었다면, 금광을 찾기 위해 죽을힘을 다해 노력하지 않았다면, 그런 행운을 만날 수 있었을까? 무장 강도에게 목숨을 잃을 뻔하면서도 금광을 개발하고야 말겠다는 불굴의 의지가 없었다면, 과연 삭주에서 그런 대성공을 거둘 수 있었을까? 최창학의 행운은 우연히 찾아온 것이 아니라, 그의 집념이 만들어낸 필연적 결과물에 가깝다. 여기에 그의 담대함과 현명한 경영 전략이 덧붙으면서 한 시대를 풍미한 거부 최창학이 탄생한 것이다.

욕망을 사로잡는 마케팅

이경봉

1938년 8월 1일 자 잡지 『삼천리』에는 현 대한약사회의 모체인 고려약제사회高麗藥劑師會 회장 이경봉李庚鳳(생몰 연대 미상)의 발언이 실려 있다. 현대어로 바꿔 소개한다.

의약의 본래 사명은 사회 구성원 각자가 건강과 능률과 행복을 최대 이상으로 누리게 하는 것이다. 따라서 여기에 어떠한 결함이 있으면 변혁·시정하고, 건강의 복지 증진과 질병의 치료·예방에 필요한 적극적 노력이 있지 않으면 안 될 것이다. 반도 약업계의 과거를 보건대, 약제사가 희소했기 때문이겠지만 너무도 무책임하고 노력이 부족했던 관계로 결함이 이만저만하지 않았다. 따라서 일반 소비 대중에게 신용을 잃어 업계가 힘차게 일어나는 모습을 볼 수가 없었다. 이후로 책임 있는 약제사가 증원될 터이니 점차 개량되고 향상되겠지만, 광고와 내적 효력이 같도록 우리도 가일층 고심하고 정성껏 제조하지 않으면 안 될 것이다. 그렇게 하면 소비 대중에게 유익함은 물론, 외래품까지 능가할 정도로 독특한 세력을 발휘하게 될 것이다.

조선의 약업계가 발전하기 위해서는 실력 있고 책임감 있는 인력을 충원하고 연구개발에 정성을 쏟아서 소비자의 신뢰를 얻어야 한다는 것이다. 광고한 만큼이라도 약효가 발휘된다면 장차 수입 약품도 능가하리라 전망하고 있다.

잡지의 내용을 조금 더 살펴보자. 이경봉에 대한 설명이 이어진다.

제생당의 약 봉지(하단에 '약제사 이경봉'이라고 쓰여 있다)

이경봉씨는 38년이라는 역사를 가진 청심보명단淸心保命丹을 제조하는 본포本鋪 제생당濟生堂 약방의 주인이다. 24세 때 약학 전문을 우수한 성적으로 졸업하고 나온 후, 형식주의보다 내용주의, 일시주의보다 영구주의 아래 한마음으로 흔들림 없이 약업계에 정진한 매우 온후, 독실하고 본보기가 될 만한 분이다. 이런 주인을 가진 제생당 약방이니만큼 머지않아 동양에서 손꼽을 만큼 거대한 존재가 될 줄로 믿는다."

그런데 먼저 짚고 넘어가야 할 문제가 있다. 일제강점기 조선에서 유일한 약학 교육 기관이었던 '경성약학전문학교京城藥學專門學校'는 1930년에 설립되었다. 따라서 1903년경 세워졌다고 알려진 제생당의 창립자가 이경봉이 맞는다면, 24세에 약학 전문을 우수한 성적으로 졸업했다는 것은 말이 되지 않는다. 경성약학전문학교의 전신인 조선약학강습소가 1915년에 세워졌으니, 1915년에 학업을 마쳤다고 쳐도 12세에 제생당을 만들었다는 이야기가 된다. 또한 이경봉이 1909년 젊은 나이에 죽었다는 주장도 있는데, 위의 기사에서 보듯이 제생당의 주인이자 고려약제사회 회장으로서 1938년에도 살아 있으니, 이 역시 틀렸다. 이경봉의 생애를 정확히 규명해내는 것이 이 글의 목적은 아니기 때문에 더 이상 언급하진 않겠지만, 한국 약학사에서 중요한 인물이니만큼 보완하는 연구가 필요하다고 본다.

아무튼 이경봉은 잡지에 소개된 대로 '청심보명단'을 만든 인물이다. 당시 조선에는 서양 약품으로 말라리아 치료제인 금계랍金鷄蠟(퀴닌)과 구충제인 회충산(산토닌)이 들어와 선풍적인 인기를 끌고 있었다. 일본에서 만든 신약인 인단仁丹,[24] 용각산龍角山, 건위고장환健胃固腸丸, 태전위산太田胃散(오타이산), 건뇌환健腦丸, 정로환正露丸 등도 줄줄이 수입되었다. 이를 보고 자극을 받은 이경봉이 한약과 양약을 결합한 소화불량 치료제 '청심보명단'을 개발한 것이다. 마음을 맑게 하고 목숨을 지켜준다는 뜻으로, 1897년 민병호가 만든 활명수活命水[25]와 함께 조선을 대표하는 신약으로 자리 잡았다. 이어 이경봉은 약방인 제생당을 설립했는데, 제생당은 민병호의 동화약방同和藥房, 이응선의 화평당和平堂과 더불어 조선 제약계를 삼분하게 된다.

여러 기록에 따르면, 청심보명단은 조선인들에게 신드롬에 가까운 인기를 끌었던 것으로 보인다. 소비자의 기호를 잘 파악하고 소비심리를 자극했기 때문이다. 우선 청심보명단은 기존의 한약에 비해 복용이 간편했다. 동그랗고 작은 환으로 만들어 휴대성까지 높였다. 게다가 서양이나 일본에서 수입한 소화제 못지않게 약효가 뛰어나서 '만병통치약'으로까지 불렸다. 그러나 이경봉은 만족하지 않았다. 그는 공격적인 마케팅에 나섰다. 기생들이 타는 인력거에 '청심보명단' 광고판을 붙인 것이다. 유명한 기생을 인력거에 태워 시내 곳곳을 누비게 하기도 했다. 요즘으로 말하면 시내버스에 광고판을 붙이고 인기 연예인을 광고모델로 쓴 셈이다. 당시에는 아무도 생각하지

---

24) 한국의 은단이 이것을 모델로 해서 만들어졌다.

25) 현재에도 생산되고 있는 부채표 까스활명수다.

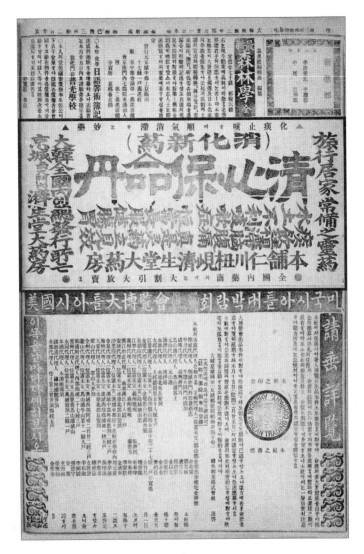

청심보명단 광고, 황성신문 1909년 4월 21일

출처: 국립중앙도서관 대한민국 신문 아카이브, 자유이용가

https://nl.go.kr/newspaper/detail.do?content_id=CNTS-00093847361&from=%EC%8B%A0%EB%AC%B8%20
%EA%B2%80%EC%83%89

못했던 기발한 홍보 전략이었다.

또한 이경봉은 직접 판매에 나서기도 했다. 그는 멋진 양복에 세련된 구두를 신고 고급 가죽가방을 든 채 그즈음 개통된 경인선 기차에 올랐다. 그리고 서양 의학 지식을 동원해 기차 승객들에게 약을 세일즈했다. 양복과 기차는 개화改化, 즉 근대화를 상징한다. 청심보명단에 '개화'의 이미지를 입힌 것으로, 경인선 기차를 타고 청심보명단을 사는 것을 '개화'와 동일시하도록 만드는 데 성공한다. 덕분에 내가 개화된 사람임을 내세우기 위해서라도 청심보명단을 구매하는 것이 유행처럼 되어버렸다.

그뿐만이 아니다. 1900년대 후반 조선에서 호열자(콜레라)가 창궐하자, 이경봉은 청심보명단이 특효약이라고 소문을 냈다. 허위 과장 광고였으나 반응은 폭발적이었다. 총독부에서 거부하기는 했지만, '거미표蛛票'라는 이름으로 상표권을 등록하고 특허를 신청하기도 했다. 상품을 독점 판매하기 위해서였다. 실제로 청심보명단이 인기를 끌자, '청신보명단' 등 비슷한 이름을 붙이고 같은 효능을 내세운 제품이 많이 등장했는데, '거미표'라는 상표를 덧붙여 차별화를 꾀한 것이다. 이 같은 노력으로 이경봉은 엄청난 돈을 벌었다. 제생당도 본사를 인천에서 서울 남대문으로 이전하고 전국 13도에 지점망을 갖추는 등 크게 성장했다.

이경봉의 이러한 성공은 시대의 흐름을 읽어 소비자가 원하는 제품을 만들고 긍정적이면서 차별화된 이미지를 부여함으로써 경쟁력을 확보한 덕분이다. 특히 남들이 상상하지 못했던 과감하면서도 혁신적인 마케팅 전략을 구사했고, 소비자의 욕망을 제품에 투사함으로써 욕망을 실현하기 위해 제품을 구매하는 구조를 만들었다. 이경봉의 이후 행적이 알려지지 않은 탓에 이 성공이 일시적이었는지 지속적이었는지 판단하기는 어렵지만, 이상의 내용만으로도 충분히 참고할 만하다고 생각한다.

악착같이 모아 품격 있게 쓰다

백선행

1933년 5월 9일, 조선중앙일보, 동아일보 등 주요 언론은 백선행白善行(1848~1933)이라는 인물의 부고 기사를 실었다. 그리고 "백선행 여사 사회장社會葬, 연도에 인산인해", "혈혈단신의 피와 땀을 사회사업에 일관, 고故 백여사의 기구한 일생", "백선행 여사, 그의 덕과 공적", "실패를 돌려 성공으로, 근검에 산 팔십 평생"과 같은 제목의 기사들을 쏟아냈다. 한국 여성 최초로 사망 후 사회장으로 장례를 치른 백선행, 사람들이 '선행善行'이라는 이름을 붙여준 백선행, 그는 어떤 사람이었을까?

조선 헌종 14년 경기도 수원에서 태어난 백선행은 어렸을 때 평양으로 이사한 뒤 평생을 평양에서 살았다. 그의 어린 시절은 매우 고단했다. 일곱 살 때 아버지를 여의고, 시집간 지 8개월 만에 남편과 사별했다. 이때 그의 나이는 불과 열여섯 살이었다. 이후 친정으로 돌아온 백선행은 홀어머니를 모시며 생계를 꾸려가기 위해 온갖 궂은일을 마다하지 않았다. 쪽풀을 가공한 청대青黛 분말로 천연염료를 만들고, 간장을 담그고, 삼베를 짜서 시장에 내다 팔았다. 식당을 돌아다니며 음식 찌꺼기를 얻어다 돼지를 길렀고, 뽕나무를 심어 누에도 쳤다. 돈이 되는 일이라면 닥치는 대로 하면서 악착같이 돈을 모았다. 그렇게 10년, 백선행과 그의 모친은 150냥짜리 집과 1,000냥의 현금을 보유하게 되었다.

이제 조금 살 만해진 것일까? 하지만 백선행의 시련은 끝나지 않았다. 백선행의 어머니가 노환으로 세상을 떠나자 상주喪主가 필요했다. 요즘에야 아들이 없으면 딸이 상주를 맡는다지만, 유교 사회였

백선행의 생애를 소개한 기사, 중외일보 1929년 5월 10일

던 조선에서는 반드시 남자가 상주가 되어 상례와 제례를 주관해야 했다. 그래서 백선행은 먼 조카뻘 되는 사람을 급히 어머니의 양자로 들여 상주를 맡겼는데, 이 양자가 자기가 아들이니 유산을 상속하겠다며 1,000냥이나 되는 현금을 모두 가로챘다. 다행히 집은 지켜냈지만, 백선행은 빈털터리가 되고 만다.

그러나 백선행은 절망만 하고 있지 않았다. 그는 전처럼 염료를 만들고 돼지를 키우고 삼베를 짜며 다시 한 푼 두 푼 돈을 모았다. 하루 한 끼만 먹고, 거칠고 낡은 옷을 입으며 아끼고 또 아꼈다. 그렇게 번 돈으로 땅을 샀고, 땅에서 난 이익으로 또 땅을 샀다. 백선행의 재산을 빼앗으려는 사람이 계속 등장하고, 여자 혼자 사는 것을 노려 강도가 여러 차례 침입하기도 했지만, 그는 필사적으로 재산을 지켜냈다. 1931년 1월 1일 자 잡지 『동광』의 기사를 보면, 이때 백선행은 "대문, 중문, 방문, 부엌문, 장지문, 들창 할 것 없이 외부인의 침범이 염려되는 장소는 모두 굵은 철창으로써 가로질러 막았"다고 한다. 이렇게 "철창 속에서 20여 년을 지냈으니" 그가 얼마나 위험을 견뎌왔는지 알 수 있는 대목이다.

그런데 이렇게 돈을 번 것만으로는 '거부'라는 이름을 얻을 수 없었을 것이다. 열심히 일하고 근검절약해서 수억, 수십억을 모을 수 있을지는 모르지만, 수백억, 수천억 자산가가 되기란 불가능하다. 대규모로 사업을 하든 투자를 하든 큰돈을 벌 수 있는 계기가 있어야 한다. 백선행의 계기는 부동산이었다. 사들인 땅을 무려 열 배나 비싸게 판 것이다.

개화기 이후 시멘트로 지은 서양식 건축물이 점점 늘어나는 모습을 보면서 백선행은 곧 시멘트 수요가 폭발적으로 증가할 거라고 판단했다. 또한 수입만으로는 그 수요를 감당할 수 없으므로 조선에도 조만간 시멘트 공장이 들어설 거라고 예상했다. 한데 마침 평양에는 시멘트의 원료인 석회석이 풍부했다. 더욱이 시멘트 산업은 전형적인 원료 지향성 공업에 속하기 때문에 석회석 광산 인근에 생산 공장을 건설해야 한다. 이에 백선행은 석회암이 대규모로 묻혀 있는 평양 강동군 만달산 승호리 일대의 땅을 대거 매입했다. 당시 사람들은 석회암의 중요성을 몰랐고 오히려 농사짓기 힘든 척박한 땅이라고 생각했기 때문에, 저렴한 가격에 토지를 사들일 수 있었다.

바로 이 땅을 조선에 시멘트 공장을 건설하고자 했던 오노다小野田가 비싼 가격에 다시 매입하면서 백선행은 열 배가 넘는 차익을 얻게 되었다. 그곳은 교통의 요지이자 대도시를 옆에 둔 최적의 입지 조건을 갖춘 데다 양질의 석회암이 대량으로 묻혀 있었기 때문에, 오노다로서도 이 지역을 포기할 수가 없었다. 백선행은 이러한 상황을 정확히 파악하고 가격 흥정에 나섬으로써 유리한 위치에서 계약을 체결할 수 있었다. 이를 두고 백선행이 사기꾼에게 속아서 엉겁결에 산 땅을 그저 운이 좋아 비싼 값에 되팔게 되었을 뿐이라고 격하하는 목소리도 있지만, 이는 여성의 능력을 인정하기 싫어했던 당시의 가부장적 인식에 기인한 것으로 생각된다. 백선행이 보여 준 배포와 결단력으로 볼 때, 그가 세상의 흐름을 읽고 미래 가치에 투자한 것은 분명해 보인다.

백선행 사회장 풍경, 조선중앙일보 1933년 5월 15일

출처: 국립중앙도서관 대한민국 신문 아카이브, 자유이용가

https://nl.go.kr/newspaper/detail.do?content_id=CNTS-00095756792&from=%EC%8B%A0%EB%AC%B8%20%EA%B2%80%EC%83%89

아무튼 오노다는 1919년 이곳에 한국 최초의 시멘트 공장인 '오노다 시멘트'를 세웠고, 덕분에 백선행은 큰돈을 벌었다. 남다른 안목과 과감한 투자 덕분에 평양에서도 손꼽히는 부자의 반열에 올랐다. 이것으로 끝이었다면 그는 그냥 돈 많은 할머니로 남았을 것이다. 역사가 그를 기억하지는 않았을 것이다. 젊은 시절 백선행이 돈에 집착한 것은 조선이라는 사회에서 과부의 몸으로 혼자 살아가기 위해서는 돈이라도 있어야 한다고 생각했기 때문이다. 돈을 벌기 위해 노력하는 순간만큼은 자신에게 닥친 고된 시련과 슬픔을 잊을 수 있어서이기도 했다. 백선행에게 돈은 자신을 지키는 보루였던 셈이다. 이랬던 돈이 자신을 지키고 자존감을 지켜주는 수준을 넘어서자, 이제 백선행은 모은 돈을 해체하기 시작했다.

그는 숭현여학교, 창덕보통학교, 숭인상업학교, 광성보통학교 등 평양 시내 학교 설립과 장학사업에 15만 원 상당의 전답과 현금을 기부했다. 그러면서 아무런 조건도 달지 않았다. 그뿐만이 아니다. 조선인을 위한 공회당과 도서관 건립 비용으로 6만 5,000원, 이를 운영할 재단법인 비용으로 8만 5,000원을 추가로 내놓았다.[26] 총 30만 원, 현재 가치로 300억 원이 넘는 재산을 사회에 기부한 것이다.

공회당 개관식에서 백선행이 한 연설을 보자.

내가 쓰다 남은 돈이 있어 돌집 한 채 짓고 몇 학교에 돈을 좀 내었기

---

26) 이때 지은 '백선행 기념관'이 지금도 평양의 명소로 남아 있다.

로서니 무엇이 훌륭하다고 찬하회贊賀會를 한단 말이오? 세상 사람들이 참 부질없기도 하오. 사회에 돈을 내는 뜻이 무엇이냐고? 무식한 늙은이에게 뜻 같은 게 있을 리 있겠소? 자손 하나 없는 백과부가 돈을 남기고 죽어서 친척 녀석들이 재산 싸움 했다는 소문이라도 나면 그런 험한 꼴이 어디 있겠소? 그러니 내 생전에 세상에 좋다는 사업에 쓴다면 좋은 일이 아니오?

나를 지키기 위해 돈을 모았고 이제 그 목적을 달성했으니, 남김없이 세상에 돌려주겠다는 것이다.

백선행의 뜻을 기려 평양 사람들은 '백과부', '백아주머니'로만 불리던 그에게 '선행'이라는 이름을 붙여주었다. 그리고 그가 죽었을 때 평양 사람들 3분의 2가 나와 그가 가는 마지막 길을 전송해주었다. 백선행, 돈을 어떻게 모을 것인가, 돈을 어떻게 불릴 것인가, 돈을 어떻게 쓸 것인가에 대한 훌륭한 모범을 보여준 사례다.

남겨진 이야기 하나. 백선행이 세상을 뜬 후 자택 바람벽과 책상 아래에서 1만 원이 넘는 현금이 발견되었다고 한다. 백선행 사회장위원회에서 이것을 장례비용으로 충당하고, 남은 돈은 사회사업에 기부했다. 한데 1933년 9월 1일 자 잡지『삼천리』에 따르면, 장례비용으로 8,000원이 들었다고 한다.『삼천리』는 검소하고 자신보다 사회를 먼저 생각했던 '강개지사慷慨之士' 백여사가 돈을 그렇게 쓸데없이 낭비한 걸 알면 지하에서 통곡할 것이라고 논평했다. 지극히 옳은 이야기다.

정보를 가지고 빠르게 움직여라

이용익

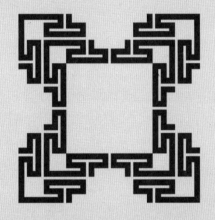

1936년 잡지 『삼천리』에는 "이용익의 100만 원이 사느냐 죽느냐"라는 기사가 실렸다. 조선중앙일보, 동아일보, 중외일보 등 신문들도 연일 관련 기사를 상세하게 보도했다. 이른바 '이용익 100만 원 사건'으로, 경위는 다음과 같다. 대한제국 시대에 내장원경內藏院卿을 지내며 황실 재정을 총괄했던 이용익李容翊(1854~1907)이 1907년 33만 원, 지금의 가치로 환산하면 수백억 원에 이르는 예금을 남기고 눈을 감았다. 손자 이종호가 예금이 예치되어 있던 제일은행에 지급을 청구하자, 은행 측은 차명계좌로 의심된다며 차일피일 지급을 미루었다. 이 돈에 눈독을 들이고 있던 친일파 송병준이 압력을 행사했기 때문이었다. 내부대신이었던 송병준은 그 33만 원이 황실 내탕금이라며 이종호에게 반환을 요구했고, 이종호가 거부하자 감금해서 협박하기까지 했다. 고종이 그 돈은 황실 내탕금이 아니며 이용익의 개인 자산이라고 확인해주었지만 듣지 않았다. 송병준은 당시 조선 통감이었던 이토 히로부미에게 이용익의 유산이 항일운동 자금으로 쓰일 수 있다며 지급해선 안 된다고 주장했고, 더욱이 얼마 후 이종호가 이토 히로부미 암살 사건 관련자로 수감되면서 돈을 찾는 일은 요원해졌다.

하지만 이종호는 포기하지 않았다. 중국 상해와 러시아 블라디보스토크에서 독립운동에 헌신했던 이종호는 1918년에 귀국해 다시 제일은행에 예금을 돌려달라고 요구했다. 제일은행은 해당 예금을 조선은행에 이관했다며 거절했는데, 이체 기록도 없었을뿐더러 예금주의 허락도 받지 않고 이관했다는 것은 말이 되지 않는 일이었다. 은행 측 혹은 다른 누군가가 이용익의 예금을 가로챈 것이다. 이에 이종호는 1930년 도쿄재판소에 정식으로 소송을 제기했다. 제일은행을 상대로 그때까지의 이자를 포함해 89만 3,967원을 지급하라는 청구소송을 걸었다. 당시 경성에서 좋은 집 한 채 값이 1,000원 정도였으니, 실로 엄청난 액수다. 재판은 9년에 걸쳐 진행되었는데, 이 글의 주제와 직접적으로 관련이 있는 것은 아니니 그 내용은 생략하기로 한다. 다만 이종호는 패소했고,[27] 이용익의 예금은 영원히 사라지고 말았다. 그 과정에서 거액의 돈을 차지하기 위해 제일은행, 총독부, 이왕직李王職,[28] 조선의 전현직 관리들, 일본 정계가 뒤얽힌 추잡한 난맥상이 드러났다는 점을 밝혀둔다. 바로 이것이 '이용익 100만 원 사건'이다.

그런데 여기서 궁금한 점이 생긴다. 도대체 이용익이 어떤 인물이기에 그처럼 많은 예금이 있었을까? 게다가 이용익은 고려대학교의 전신인 보성전문학교를 설립했고, 그의 유산을 상속한 손자 이종호도 안창호와 함께 평양에 대성중학교를 세웠으며, "서울에 10만 원을 내어 협성학교를 세웠다"라는 기록이 있는 것으로 볼 때 그의 재산은 훨씬 더 많았으리라 생각된다. 설령 송병준의 주장처럼 재산의 일부가 황실 내탕금이라 하더라도, 고종이 친일파에게 빼앗기지 않기 위해 황실 재산을 이용익에게 맡겨둔 것이라 하더라도, 본인의 재산 역시 상당했을 것이다. 이용익은 어떻게 그 많은 재산을 모았

---

27) 1심 재판 도중 이종호가 사망해 동생 이종관이 이어갔다.

28) 조선이 망한 후 조선 왕실 관련 업무를 담당하던 기관.

을까?

1854년 함경북도 명천에서 태어난 이용익의 출신에 대해서는 여러 가지 설이 있다. 태조 이성계의 이복형 이원계의 후손으로, 아버지가 고산현감을 지낸 이병호이며 초병덕이라는 유학자에게서 글을 배웠다고 알려져 있으나, 한미한 가문 출신이어서 글도 제대로 배우지 못했다거나 아예 평민 출신이라는 이야기도 있다. 그가 어렸을 때부터 부보상負褓商(보부상)과 물장수를 했기 때문에 그런 이야기가 나온 듯하다. 아무리 가난하더라도 고을 수령까지 지낸 사람의 아들이 부보상을 했다는 것은 이해가 되지 않는 일이니 말이다.

아무튼 이용익은 어린 나이에 부보상이 되었는데, 부보상은 초기자본이 많이 들지 않았다. 고객의 집 앞까지 직접 찾아가며 나라 구석구석을 누비기 때문에 각 지방의 사정을 훤히 알 수 있었다. 전국적으로 뻗어 있는 부보상 네트워크도 힘이 되었다. 무엇보다 정보력에서 앞서는 것이다. 상품을 대량으로 다룰 수 없다는 한계가 있긴 하지만, 정보를 잘 활용하고 부지런히 움직인다면 얼마든지 높은 수익을 거둘 수 있었다. 다른 장에서 소개할 백달원이나 남강 이승훈 역시 부보상을 하며 부의 토대를 일구었다.

이용익의 경우 부보상업 자체로 큰돈을 벌지는 못했지만, 부보상을 하며 얻은 정보가 발판이 되어주었다. 그는 평안도와 함경도에 산재한 금광을 조사하다가 함경도 갑산금광에서 주먹만 한 금괴 여러 개를 파내어 고종에게 바쳤다고 한다. 이 일로 고종의 관심을 받게 되었고, 임오군란이 일어나 명성황후가 장호원으로 피신해 있을 때

명성황후와 고종 간의 연락책을 맡으면서 신임이 더욱 두터워졌다.

이후 이용익은 탁월한 이재理財를 발휘해 고종의 금고지기이자 자금줄 역할을 했다. 그는 지방관을 지낼 때 백성의 고혈을 짜내 민란을 촉발했다는 비판을 받기도 했는데, 이는 그가 탐욕스러운 관리여서가 아니다. 황현의 『매천야록』에 따르면, "이용익은 청렴하고 무슨 일에든 능력이 있었다. 식사할 때도 고기를 먹지 않았으며 헌 도포와 모자를 쓰고 다녔고 노래와 여색을 좋아하지 않았으므로, 고종이 그의 청백함과 검소함을 믿었다"라고 기록되어 있다. "그는 개인적인 욕심으로 돈을 탐하는 일이 없었다"라는 기록도 있다. 다만 "고종이 자금을 요청하면 어떻게든 돈을 가져다 바쳤다"라는 증언으로 볼 때, 고종의 통치 자금을 마련하기 위해 백성으로부터 가혹하게 세금을 거둔 것으로 보인다.

물론 이용익이 이렇게 일차원적으로만 돈을 마련한 것은 아니다. 국가 및 황실의 재정·경제 책임자 자리에 오른 그는 세계 경제의 흐름을 면밀하게 분석하고 대한제국의 강점을 파악해서 우선순위를 결정했다. 황실 소유의 광산 개발을 확대하고, 백동화를 발행하여 화폐개혁을 단행했으며, 사기그릇 제조 공장과 총포 공장을 설립했다. 제지업·금은세공업·목공업·직조업·염직업 기술자 양성에 나섰고, 인삼의 전매권을 갖는 삼정사蔘政社를 세웠으며, 인쇄업과 금융업을 발전시키기 위해 노력했다. 대한제국의 경제 진흥과 재정 확충을 동시다발적으로 추진한 것이다. 이 과정에서 그도 자연스레 부를 축적한 것으로 보이는데, 개인의 사리사욕을 위해 사용하지는 않

linistères à Séoul.

전통 복장(위)과 근대식 복장(아래)의 이용익
출처: 위키미디어 커먼즈
https://commons.wikimedia.org/wiki/File:Son_Excellence_Y-Yong-Ik.jpg
https://commons.wikimedia.org/wiki/File:Lee_Yong-ik_Portrait.jpg

왔다. 조선 상인들의 경제 활동을 지원하고 교육기관을 설립하는 등 부국과 인재 양성을 위해 아낌없이 재산을 투입했다.

그런데 그는 고종을 보위하고 국가 경제를 지키는 과정에서 러시아에 경도된 측면이 있었다. 친러파의 거두로 불렸을 정도다. 일본에 대항하기 위해 부득이했던 일인지도 모르지만, 러시아에 많은 이권을 넘겨주려 한 점은 비판받을 만하다. 이러한 정치적 태도로 인해 그 자신도 고초를 겪었다. 1904년 일본에서 이용익을 납치하였고, 1905년에는 일본 외무성에서 훈령으로 그를 제거하라고 지시하기도 했다. 그러다 1907년, 그는 정적이 보낸 자객에게 피살당한다. 대한 제국을 떠받쳤던 몇 안 되는 신하의 비극적인 죽음이었다.

조국을 위해 모든 걸 바치다

이석영

명문가名門家: [명사] 사회적 신분이나 지위가 높고 학식과 덕망을 갖춘 훌륭한 집안.

명문가의 사전적 의미이다. 조선은 수많은 명문가를 배출했다. 그런데 흔히 명문가의 기준을 사회적 지위에 두는 경우가 많다. 종묘나 문묘에 배향된 공신이 있다든가, 삼대가 정승을 지냈다든가, 대제학이 연이어 나왔다든가, 그도 아니면 장원 급제자를 몇 명 배출했다든가 하는 것으로 명문가인지 아닌지를 판정해왔다. 학식이나 덕망도 중요한 기준이어야 하지만, 이런 부분은 객관화가 힘든 탓인지 의례적인 수사修辭에 그친다. 그러다 보니 명문가라 불리더라도 사람들로부터 존경받지 못하는 경우가 허다했다. 한데 여기에 사회적 지위, 학식과 덕망을 고루 갖춘 집안이 있다. 고결한 마음으로 대의를 위해 자신들이 가진 모든 것을 내놓은 일가가 있다. 진정으로 명문가다운 명문가이자 조선 부자의 품격을 잘 보여준 이석영李石榮 (1855~1934) 가문이다.

이석영이라는 이름은 낯설게 들릴 수 있지만, 독립운동가 이회영李會榮(1867~1932), 독립운동가이자 대한민국 초대 부통령을 지낸 이시영李始榮(1868~1953)의 형이라고 하면, "아~!" 하고 고개를 끄덕일 것이다. 건영·석영·철영·회영·시영·호영 여섯 형제가 막대한 재산을 정리해 만주로 망명하여 독립운동에 헌신한 이야기는 익히 들어 알고 있을 테니 말이다. 한국판 노블레스 오블리주의 표상으로 불리는 이 여섯 형제는 가장 유명한 넷째의 이름을 따서 흔히 '우당 이

이석영 6형제 초상화(맨 윗줄부터 이건영, 이석영 / 이철영, 이회영 / 이시영, 이호영)

출처: 우당이회영선생교육문화재단 제공

회영 일가'라 불려왔다. 이 호칭에 반대하는 것은 아니지만, 그러다 보니 다른 형제들이 묻혀버린 감이 없지 않다. 특히 가장 많은 재산을 독립운동에 희사한 이석영의 이름을 아는 이는 드물다. 여섯 형제가 독립운동 자금으로 사용한 토지 267만 평 중 약 95퍼센트가 이석영의 소유였는데도 말이다.

이석영은 조선 선조 때의 명재상 백사 이항복의 후손이다. 이항복의 현손 이태좌가 좌의정을 역임했고, 이태좌의 아들 이종성이 영의정을 지냈는데, 이종성의 현손이 바로 이석영의 아버지 이유승이다. 이유승도 형조판서와 우찬성 등 최고위 관직을 거쳤으니, 그야말로 조선에서 손꼽히는 가문이라 할 수 있다. 그런데 이석영은 서른 살이 되던 해인 1885년, 집안의 인척이자 영의정을 지낸 정계의 거물 이유원의 양자가 됐다. 평소 이석영의 출중한 능력과 인품을 눈여겨 보던 이유원이 적자 이수영이 요절하자 그를 양자로 들이게 해달라고 고종에게 요청한 것이다. 이유원은 재산이 많으면서도 재물을 매우 탐한 인물로 유명하다. 그의 별장이 위치한 경기도 양주 가오실에서 서울로 가는 길 80리가 모두 그의 땅이었다고 전해진다. 이유원의 양자가 되면서 이석영은 막대한 재산을 상속받게 된다. 이후 이석영은 문과에 급제했고, 종2품 당상관에까지 올랐다. 사간원 정언과 홍문관 수찬 같은 청요직, 그리고 과거시험의 시관試官을 맡은 것을 보면, 학문도 뛰어났던 것으로 짐작된다.

그러나 나라가 혼란에 빠지면서 이석영은 관직을 사임하고 더는 조정에 나가지 않았다. 정3품 통정대부를 제수받은 친형 이건영, 대

이석영을 양자로 들인 이유원의 문집 『가오고략嘉梧藁略』

한제국 외부外部의 교섭국장을 지낸 친동생 이시영도 그즈음 벼슬에서 물러났다. 이들 여섯 형제는 이석영의 집에서 자주 모여 나라의 앞날을 걱정했는데, 주로 넷째 이회영이 회합을 주도했다고 한다. 그즈음 이회영은 이동녕, 양기탁, 안창호 등과 함께 조선 백성의 민족의식과 자립역량 강화를 모색하는 신민회新民會를 조직했고, 이상설과 함께 만주 용정에 민족 교육기관인 서전서숙瑞甸書塾을 설립했다. 해외 독립군 기지 건설을 위해 서간도를 직접 답사하기도 했다.

이런 이회영을 지지하고 자금을 대준 사람이 바로 이석영이었다. 이석영의 생부 이유승도 가산이 넉넉한 편이었지만, 조선의 대표적인 거부巨富로 꼽히던 양부 이유원에 비할 바가 아니었다. 여섯 형제의 활동을 재정적으로 뒷받침하는 일은 사실상 이석영이 도맡았다고 해도 틀린 말이 아니다.

그러던 중 1910년 8월, 일본에 의해 대한제국이 강제로 병탄되자, 여섯 형제는 이회영의 권유에 따라 50여 명의 일가권속을 이끌고 압록강을 건넜다. 만주로 망명해 독립운동을 벌이기 위해서였다. 이때 가산을 정리하여 40여만 원의 자금을 모았는데, 이 금액은 오늘날의 가치로 환산하면 약 600억 원에 이른다고 한다. 급하게 처분하느라 제값을 받지 못해서 이 정도이고 제대로 된 값어치는 2조 원 가까이 된다고 평가하는 사람도 있다. 아무튼 이 자금의 대부분이 이석영이 마련한 것이었다.

만주에 도착한 여섯 형제는 이상룡, 이동녕, 김동삼 등 민족지사들과 힘을 합쳐 자치 결사 조직인 경학사耕學社를 설립하고 군인 양성 기관인 신흥강습소, 훗날의 신흥무관학교新興武官學校를 세웠다. 이철영이 경학사장과 신흥강습소 교장, 이회영이 경학사 내무부장, 이석영이 신흥강습소 교주校主를 맡은 데서도 확인할 수 있듯이, 여섯 형제의 지원이 없었다면 두 기관은 운영 자체가 불가능했을 것이다. 특히 이석영은 신흥무관학교의 설립 비용뿐 아니라 운영 경비까지 모두 감당했다. 수익이라고는 하나도 나지 않는 곳에 계속 자금을 투입해야 했으니, 이석영의 그 많던 재산도 얼마 지나지 않아 바닥이 나고 만다. 이후 일제의 만주 침략이 본격화되면서 신흥무관학교가 문을 닫고 여섯 형제는 뿔뿔이 흩어져 중국 각지를 떠돌아야 했는데, 1925년 셋째 이철영이 빈곤과 풍토병에 시달리다가 눈을 감았고, 1931년 막내 이호영이 실종되었으며, 1932년 넷째 이회영이 다롄 감옥에서 일제의 모진 고문 끝에 순국했다. 그리고 이석영은 1934년 빈민가에서 굶어 죽고 만다. 첫째 이건영도 1940년 병으로 사망했고, 다섯째 이시영만 살아서 해방을 맞이했다.

독립운동가들이 세운 한국국민당의 기관지 「한민」의 1936년 5월 25일 자 기사를 보자. 현대어로 바꿔 소개한다.

그는 매우 많던 재산 전부를 가져다가 이주 동포들이 살아갈 방도를 세워주고 신흥학교를 경영하는 데 전부 탕진하고 말았다. 그는 본래 국내에서 대대로 높은 벼슬을 해온 가문의 사람으로, 호화로운 생활을 하다가 망국의 한을 품고 고국을 떠나 이역에 와서 재산 전부를 바쳤다. 나중에는 지극히 곤궁한 생활을 하면서도 조금도 원망하거

망명 논의 중인 6형제

출처: 우당이회영선생교육문화재단 제공

나 후회하지 않았으며, 태연히 장자長者의 풍도를 보여주었다. 말년에 굶주리고 추위에 떨며 고생하다가 2년 전 상해의 어느 모퉁이에서 굶어 돌아가신 이가 그처럼 공이 많은 이석영씨인 줄을 아는 이가 몇이나 되는가? 또 올해 5월 11일 상해의 조카 집에서 역시 가련한 신세로 돌아가신 이가 가장을 따라와 독립군에게 밥을 지어 먹이고 옷을 지어 입히던 이석영씨의 부인인 것을 아는 이가 몇이나 되는가?

안타깝게도 이 질문은 여전히 유효하다. 조국의 독립을 위해 전 재산을 아낌없이 내놓은 이석영이라는 부자가 존재했다는 것을, 대의를 위해 가문을 희생했고 그로 인해 온 가족이 모진 고통을 겪으면서도 후회하지 않은 명문가가 있었다는 것을 지금 아는 이가 몇이나 되는가? 부자가 되는 법을 가르쳐주지는 않았지만 부자로서 살아가는 법을 가르쳐준 이석영과 그의 형제들을 우리는 절대 잊어서는 안 된다.

전략적 제휴로 몸집을 키우다

이승훈

"그는 조선에 태어나고 조선을 위하여 울고 웃고 조선을 위하여 죽었다."_조만식

"조선에 이런 위인이 있었음을 조선은 아는가? 모르는가?"_함석헌

남강南岡 이승훈李昇薰(1864~1930)을 추모한 말이다. 1930년 5월 9일, 오산학교의 설립자 이승훈이 세상을 떠났다. 향년 66세. '민족대표 33인'으로, 평안도 지역을 대표하는 교육자이자 기독교계 지도자였던 그는 이른바 '105인 사건'[29]으로 6년형을 선고받아 투옥되었고, 3·1운동으로 다시 3년간 수감되는 등 혹독한 고초를 겪었다. 하지만 이승훈은 일제에 협력을 거부하고 민족 인재를 양성하는 일에 자신의 모든 힘을 기울였다. 개인의 영달보다 나라와 민족을 생각하는 그의 헌신적인 삶은 많은 사람으로부터 존경을 받았다. 총독부 기관지인 매일신보조차 "李昇薰氏 今曉에 長逝—세벽 네 시 정주 자택에서 偉大辛酸한 그 一生", 현대어로 풀어 쓰면 '이승훈씨 오늘 새벽에 영면—세벽 네 시 정주 자택에서, 위대하고도 고단했던 일생'이라는 제목의 부음 기사를 낼 정도였다.

그런데 우리는 이승훈을 종교 지도자이자 교육자, 독립운동가로 기억하지만, 그는 뛰어난 사업가이기도 했다. 마음만 먹으면 조선의

---

29) 1911년 항일의식이 높았던 평안도와 황해도 지역의 민족운동을 탄압하기 위해 일제가 날조한 데라우치 총독 암살 미수 사건을 말한다. 체포된 사람이 600명, 이 중 실형을 받은 사람이 105명이었기 때문에 '105인 사건'으로 불린다. 신민회가 타깃이었기 때문에 '신민회 사건'이라고도 한다. 재판 과정에서 99명에게 무죄가 선고되었으며, 윤치호·양기탁·안태국·임치정·이승훈에게 6년형, 옥관빈에게 5년형이 최종 선고되었다.

이승훈 부음 기사, 매일신보 1930년 5월 10일

물가를 뒤흔들 수 있을 정도로 큰 부자였다고 한다. 이번 글에서는 기업가이자 거부였던 이승훈의 이야기를 소개하고자 한다.

이승훈의 어린 시절은 고달팠다. 태어난 지 여덟 달 만에 어머니를 여의었고, 열 살 때는 그를 키워준 할머니와 아버지가 연이어 세상을 떠나면서 고아가 되었다. 먹고살 길을 찾아 헤매던 그는 평안도 정주를 거점으로 활동하던 유기 상인 임일권의 사환이 되었다. 처음에는 온갖 허드렛일과 잔심부름을 하는 말단 직원에 불과했지만, 성실함과 노력으로 이내 임일권의 총애를 받게 된다. 임일권은 그에게 판매 및 수금, 경리 업무를 맡겼고, 유기를 제조하는 공정도 배우게 했다. 장차 이승훈을 후계자로 삼고자 한 것이다. 하지만 이승훈은 자기 사업을 해보겠다며 독립해서 보부상이 되었다. 그는 평안북도에서 생산한 유기를 유기 값이 비싼 황해도 목화 산지에 가져다 팔았고, 그 대금으로 받은 목화를 다시 목화 가격이 비싼 평안북도 지역에 되파는 식으로 큰 이익을 남겼다. 그렇게 벌어 모은 돈에 평안도 거부 오희순에게서 빌린 돈을 합쳐 유기 공장을 차렸다.

처음에는 사업이 순조로웠다. 이승훈은 작업장을 청결하게 조성하고 휴식 시간을 보장하며 임금을 올려주는 등 노동자의 근로 환경을 개선함으로써 생산성을 높였다. 자연히 유기의 품질도 좋아져 평양에 지점을 낼 정도로 손님이 늘었다. 한데 1894년 청일전쟁이 발발하면서 그의 사업은 직격탄을 맞는다. 평안도 일대가 전쟁터가 되면서 이승훈의 유기 공장과 상점도 잿더미가 된 것이다. 누가 봐도 절망적인 상황이었지만 이승훈은 포기하지 않았다. 그는 자산 현황 및 부채 명세, 그리고 신규 사업 계획을 상세하게 정리해 오희순을 찾아갔다. "당장은 상황이 이래서 어르신께 빌린 돈을 갚을 형편이 못 됩니다. 지금 제가 이렇게 재기할 계획을 세우고 있는데, 추가로 자금을 빌려주신다면 꼭 성공해 보이겠습니다." 다른 채무자들은 전쟁을 핑계로 도망가고 연락을 끊어버린 그때, 최악의 상황에서도 신용을 지키겠다며 찾아온 이승훈을 보고 오희순은 크게 감동했다고 한다. 이승훈이 믿을 만하다고 생각한 그는 기존의 부채를 탕감해주고, 마음껏 쓰라며 사업자금도 융통해주었다. 이 일로 두 사람은 굳건한 유대를 형성했으며, 오희순은 훗날 오산학교에도 큰 액수의 기부금을 냈다.

아무튼 이와 같은 오희순의 지원으로 이승훈은 재기하는 데 성공했다. 그는 유기뿐 아니라 지물紙物과 석유, 말라리아 치료제 금계랍 등의 총판을 맡았고, 각종 잡화와 자재를 유통하는 일에 뛰어들었다. 조선 상계商界의 중심이었던 관서 지역의 물류와 유통이 그의 손 안에 있다고 해도 지나친 말이 아니었다. 이때 이승훈이 움직일 수 있던 자금이 50만 냥에서 70만 냥 정도로 추정되고 있는데, 당시 소 한 마리 값이 1냥이었으니 엄청난 부를 일구었음을 알 수 있다.

물론 이승훈도 성공만 한 것은 아니다. 그는 지역에 따라 엽전의 구매력에 차이가 있다는 점에 착안해 엽전 1만 냥을 부산으로 보냈다. 서울의 1냥이 부산에 가면 2냥 정도의 값어치를 가졌기 때문에 그 차익을 노린 것이다. 그런데 엽전을 실은 배가 목포 근해에서 일본 영사관 소속의 배와 충돌해 침몰하고 만다. 오랜 소송 끝에 배상

받긴 했지만, 그가 사업을 하는 데 큰 타격을 준 사건이었다. 그뿐만이 아니다. 명태 어획량이 감소하자 대체품으로 동태를 사들였지만, 이듬해에 명태 대풍이 찾아와 헐값이 되었다. 러일전쟁으로 군수물자인 피혁 수요가 급증할 거라는 판단에 소가죽을 다량으로 매입하였으나, 전쟁이 예상보다 빨리 끝나는 바람에 큰 손해를 보기도 했다. 이승훈은 신속하게 신상품을 발굴하여 유통하고, 이탈리아의 파마양행과 직교역을 추진하는 등 사업 다각화를 통해 위기를 극복해냈다.

이 과정에서 이승훈은 조선 상인들 간의 전략적 제휴가 필요하다고 보았다. 일본의 뛰어난 기술력과 제품 생산 능력, 막강한 자본력과 시장 지배력에 맞서기 위해서는, 최소한 경쟁이라도 해볼 만한 수준의 생산 규모와 유통망이 필요했다. 그러나 조선 상계는 걸음마 단계에 불과했다. 서양과 일본이라는 고래들의 싸움에 등살이 터지는 새우 같은 존재였다. 이에 이승훈은 조선 상인과 자본가들을 연합해 몸집을 키우고자 했다. 대표적인 것이 당시에 수요가 많았던 자기瓷器, 즉 사기그릇 분야다. 유기그릇을 생산하고 유통했던 경험도 경험이지만, 그가 활동하던 평양은 고려자기의 발상지 중 한 곳으로 자기의 품질에 대한 자긍심이 매우 높은 지역이었다. 하지만 일본에서 대량 생산한 사기그릇이 조선의 시장을 잠식하면서 사기그릇 상인과 자기 제조 장인들이 몰락하고 있었다. 이를 타개하기 위해 이승훈은 1908년 '평양자기제조주식회사'의 창립을 주도했다. 그가 초대 사장으로 취임한 이 회사에는 자기 제조 신기술을 개발한 정인숙, 자금 동원력을 가진 객주 상인 윤성운, 무역상 김양수·임석규·김남호·이덕환, 도자기 회사를 경영한 경험이 있는 박경석 등이 참여했다. 관서 지역을 대표하는 자본가, 상인, 제조업자가 망라되었는데, 대부분 관서 지역의 식산흥업운동(자강운동), 오산학교(교육), 신민회(항일·애국계몽 운동) 관련 인사라는 점에서 민족적 성향도 확인할 수 있다.

평양자기제조주식회사 외에도 이승훈은 조선 시장의 경제 주도권을 지키고 조선인의 상업 자생력을 확보하기 위해 최선을 다했다. 그러나 조선은 점차 망국의 길로 접어들어 갔고, 이승훈은 교육사업에 관심을 돌린다. 그는 "총을 드는 사람, 칼을 드는 사람도 있어야 할 것이다. 그러나 그보다 더 중요한 일은 백성들이 깨어 일어나는 일이다"라고 역설했다. 이승훈은 오산학교 외에도 안창호의 대성학교 설립을 지원하는 등 조선의 젊은 인재들을 교육하는 일에 매진했다. 그동안 벌어둔 재산 대부분을 이 일에 쏟아부었다. 첫머리에서 소개한 대로 일제의 탄압을 받아 큰 고초를 겪기도 했지만 멈추지 않았다. 이렇게 그가 일군 토양 덕분에 백인제·한경직·주기철·김소월 같은 거인이 자라날 수 있었고, 염상섭·홍명희·함석헌 같은 지성들이 뜻을 펼칠 수 있었다.

마지막으로 1926년 12월 1일 자 『동광』이라는 잡지에 실린 그의 인터뷰를 보자. "내가 만약 다시 스무 살 청년이 된다면?"이라는 질문에 그는 이렇게 대답했다.

어느새 나이가 60이 넘었고 해놓은 일은 변변한 것이 없소만, 나는 후회하지 않소. 그때그때 나로서는 최선을 다했다고 생각하는 까닭에, 나의 생활 방법이 이러하니까, 내가 스무 살이면 이런 일을 하여볼까, 서른 살이면 저런 일을 하여볼까, 당초에 그렇게 생각할 까닭이 없소. 스무 살이든 서른 살이든 내 앞에 놓은 일을, 내가 옳다고 생각하는 대로 힘써 할 뿐입니다. (중략) 끝으로 내 생각을 하나 더 적어둘 것이 있소. 지금 나를 쪼개어 20여 세 먹은 청년 세 사람을 만들어도, 그 세 사람은 한 사람도 빠지지 않고 모두 조선을 위해 일할 것이란 말이오.

기성관념에 도전하다

최남

"이 세상에 에누리 없는 장사가 어딨어?"라는 노래 가사가 있다. 세상 물정을 모르는 시골 영감이 기차표 값을 깎아달라며 실랑이를 벌이는 대목이다. 요즘은 전통시장을 제외하면 대부분 정찰제에 따라 물건을 사고팔지만, 100년 전만 해도 정찰제는 매우 낯설었다. 소비자와 판매자가 값을 흥정하고 에누리하는 것이 당연한 풍경이었다. 그런 상황에서 조선에 본격적으로 정찰제를 도입한 인물이 나왔으니, 바로 최남崔楠(1895~?)이다.[30]

1895년(고종 32년) 6월 서울에서 태어난 최남은 두 살 때 아버지를 여의었다. 그의 회고에 따르면, 홀몸으로 자신을 뒷바라지하느라 고생한 어머니를 편안히 모시기 위해 보성중학교를 졸업하자마자 무작정 일본으로 건너갔다고 한다. 전문 지식을 배워 좋은 직장에 취직하기 위해서였다. 하지만 돈도, 도와줄 사람도 없는 유학 생활이 순탄할 리 없었다. 최남은 갖은 고생을 하며 영어학교와 광산鑛山학교에 다녔는데, 도저히 계속할 엄두가 나지 않았다. 또 졸업한다고 해서 뾰족한 수가 보이지도 않아서 1년여 만에 귀국길에 오른다.

조선으로 돌아온 최남은 평안남도 평원금광이라는 곳에서 사무직으로 일하며 50원을 모았다. 이 돈을 들고 경성에 올라가 6개월 동안 넝마 장사를 해서 200원을 벌었다고 한다. 당시 조선인의 평균 임금이 15원 정도였으니 제법 큰돈이다. 그러다 외가의 주선으로 상

---

30) 최남을 1865년생이라고 소개한 자료도 있지만, 국사편찬위원회의 《근현대인물자료》 DB에는 1895년생으로 기록되어 있다. 최남이 1930~1940년대에 활발히 경영 활동을 한 점, 최남의 장남 최덕환이 1916년생이라는 점을 고려할 때, 1895년생이 맞다고 판단했다.

업은행에 취직했는데, 낮에는 은행 사무를 보고 퇴근 후에는 장사를 계속했다. 그는 "넝마 장사에서 현물 중매, 집 장사, 창고 폐물 되팔이, 양잿물 무역 등 이익을 얻을 수 있는 것"이라면 가리지 않고 닥치는 대로 했다.

이러한 노력으로 최남은 자기 가게를 낼 정도의 돈을 모았다. 그는 인사동 초입에 '덕원상점德元商店'이라는 잡화점을 열었다. 한데 당시 조선인이 운영하는 상점들은 상품을 일본의 제조 공장에서 직접 수입하지 못하고 일본인 도매상에게서 공급받았다. 가뜩이나 경영 기법과 서비스 역량이 열세인 상황에서 가격 경쟁력까지 부족하니 일본 상인의 상대가 될 수 없었다. 이에 최남은 일본인 상점에서 오랜 경험을 쌓은 조선인 점원을 스카우트하고, 세련된 상품 진열로 소비자의 시선을 사로잡았다. 그리고 오사카에 상주 직원을 보내 직수입 통로를 열었다. 덕분에 덕원상점의 매출은 가파르게 상승했다. 최남은 여기서 만족하지 않고 또 다른 승부수를 던졌다. 조선인들에게는 아직 낯설었던 정찰제를 도입한 것이다. 이는 좋은 상품을 최적의 가격에 팔고 있다는 자신감에 기인한 것으로, 소비자의 신뢰를 얻을 수 있었다.

이후 최남은 1919년 동아부인상회東亞婦人商會를 인수했는데, 매도자가 요구한 금액을 한 푼도 깎지 않았다고 한다. 상회의 장부와 재고를 대조하는 과정에서 기록에 없고 매도자도 존재를 몰랐던 잔품을 다량으로 발견했기 때문이다. 모른 척하고 거래할 수도 있었겠지만, 최남은 이 사실을 솔직히 밝힘으로써 상계의 신망을 얻었다.

동아부인상회를 발판으로 삼아 그는 대구·광주·평양·함흥·전주· 나주·순천·목포 등 전국 각지로 지점을 확장해 큰 성공을 거두게 된다.

그러던 1931년, 최남은 종로에 세워진 4층 신축 건물을 통째로 전세 내어 동아백화점東亞百貨店을 개점했다. 조선인이 경영한 최초의 백화점이었다. 하지만 백화점 사업은 만만하지 않았다. 당시 조선에 들어와 있던 미츠코시백화점, 조지야백화점, 미나카이백화점, 히라다백화점과 비교할 때 규모나 자본력에서 상대가 되지 않았고, 운영 노하우나 서비스 품질 면에서도 뒤떨어졌기 때문이다. 이를 극복하기 위해 최남은 미츠코시백화점의 일본인 직원을 영입해 관리를 맡겼다. 이 밖에도 능력이 뛰어난 전문가들을 고위급 직원으로 채용했는데, 깊이 신임해 심복으로 만들고 이익을 나눠주어 충성심을 높였다고 한다. 또한 상품별 직수입망을 확보했으며, 200여 명의 직원을 선발해 철저히 교육함으로써 서비스 마인드로 무장시켰다. 이때 200명 중 70~80명을 미모의 여직원으로 선발해 매장 전면에 배치함으로써 큰 화제를 모았다. 여직원들을 보려는 손님들로 문전성시를 이룬 것이다. 문구 판매대의 여직원과 동경 유학생이 결혼하는 등 갖가지 로맨스를 낳기도 했다. 한데 이러한 방식만으로는 자본의 열세를 이겨낼 수 없었던 것 같다. 홍보 마케팅으로 손님이 늘었는지는 몰라도 매출은 지지부진했고, 설상가상으로 채용을 담당한 임원이 여직원들을 농락한 사실이 알려지면서 구설수에 휩싸였다.

그러나 최남은 멈추지 않고 계속 새로운 시도를 해나갔다. 대표적

동아백화점 개점 소식이 실린 신문기사, 중앙일보 1931년 12월 31일

출처: 국립중앙도서관 대한민국 신문 아카이브, 자유이용가

https://nl.go.kr/newspaper/detail.do?content_id=CNTS-00093662622&from=%EC%8B%A0%EB%AC%B8%20
%EA%B2%80%EC%83%89

인 것이 '십전균일점十錢均一店'이다. 요즘의 원달러샵, 백엔샵에 해당하는 것으로, 그는 미국의 십센트샵을 벤치마킹해서 모든 물건을 10전 균일가에 파는 매장을 개설했다. 이는 조선 상업계 최초의 일로, 당시로서는 혁신적인 시도였다. 문제는 이러한 상점이 성공하려면 양질의 저가 상품이 대량으로 신속하게 공급되어야 한다는 점이다. 물류 비용과 시간을 최소화해야 돼서, 생산 공장이 가까운 곳에 있어야 한다. 최남 역시 십전균일점의 성공 여부에 대해 "조선 안에 공장이 있어서 물건을 마음대로 사들일 수 있고 운임이 덜 들도록 해야 장사가 될 줄 압니다"[31]라고 밝힌 바 있다. 하지만 안타깝게도 조선에서의 제조업 공장 건설은 지지부진했다. 그렇다고 일본에서 계속 수입해 오면 물류비용이 많이 들어서 저가 판매가 불가능했다. 시간도 제법 걸리기 때문에, 상품이 동나기라도 하면 이를 보충하는 데만 일주일 이상을 기다려야 했다. 대량 구매에 따른 재고 관리의 어려움도 문제였다.

최남은 "요새 젊은이들은 돈이 적게 들고 맵시는 잘 나는 물품을 찾으니까 포마드, 크림, 백분 등 화장품을 적당하게 준비하여놓고 팔면 인기를 끌 것이라고 본다"라며 유행을 선도할 제품을 갖추고 주부들이 필요로 하는 다양한 식품을 진열해 위기를 극복하려 했지만 역부족이었다. 더구나 조선에서 '십전균일'은 소비자들에게 생소한 방식이었다. 박리다매라는 개념도 낯설었다. 왜 그런 식으로 파는지

---

31) 『삼천리』, 1935년 7월 1일.

이해하지 못하고 혹시라도 속여 파는 것은 아닌지 의심하니, 취지를 알리고 설득하는 데만도 많은 에너지가 필요했다. 십전균일점이 조선에서 자리 잡기에는 시기상조였던 것이다. 그는 백화점에 이어 이 사업에서도 막대한 손해를 보게 된다.

결국 최남은 벌인 사업들을 대거 정리했다. 동아백화점도 1932년 7월 화신백화점 주인 박흥식에게 매도했다. 그렇게 된 이유로 7만 원 넘는 손실이 발생하면서 최대 투자자가 발을 뺐다는 설, 박흥식이 권력을 동원해 압력을 넣었다는 설, 일본 상인에게 대항하기 위해 조선 상인끼리 힘을 합쳤다는 설 등 여러 주장이 있는데, 어느 쪽인지는 확실하지 않다. 어쨌든 최남이 백화점 경영을 버거워했음은 분명해 보인다.

백화점을 양도한 후 최남은 동순덕東順德이라는 주단 포목상을 설립하며 재기했고, 지금까지도 이름이 남아 있는 종로의 국일관國一館을 서울 제일의 한정식집이자 요정으로 키워냈다. 그는 1934년 미국에서 유학을 마치고 돌아온 이기붕을 지배인으로 고용했다. 3·15 부정선거의 원흉이자 제1공화국의 이인자로서 국방부 장관과 국회의장을 역임한 바로 그 이기붕이다. 그는 훗날 역사에 악명을 남기지만 노회한 이승만의 신임을 받을 정도로 수완가였다. 최남은 이런 이기붕을 적절히 활용해 국일관의 명성을 높였다.

그런데 1940년대 이후에는 최남에 관한 기록이 별로 남아 있지 않다. 1940년 9월 1일 자 『삼천리』 잡지에 서울의 재산가들이 한 해 동안 얼마나 벌었는지를 다룬 기사가 실렸는데, 최남은 여기에 9위

로 나오고 "지금은 동대문 안에서 큰 포목상, 토지, 건물, 요리업에
도 진출 중"이라는 설명이 덧붙어 있다. 그리고 1942년판『조선은행
회사조합요록朝鮮銀行會社組合要錄』에 그가 국일관 유한회사, 경기임
산종묘京畿林産種苗 주식회사의 이사로 등재되어 있다. 마지막으로
1946년, 인천 최대 규모의 방직 공장이었던 동양방직東洋紡織의 사장
으로 신문기사에 몇 번 이름이 등장하는 정도다. 광복 후에 상업은
행의 이사가 되었다는 주장도 있지만 뒷받침할 자료가 없다. 그 이
후에는 행적이 묘연한데, 6·25 한국전쟁 때 피해를 당한 것은 아닌
지 조심스레 추측해본다.

이상으로 살펴본 최남은 시대를 앞서갔다고 평가할 만하다. 그는
기성관념을 과감히 깨고 남들이 생각하지 못했던 방법으로 새롭게
도전하기를 멈추지 않았다. 세상이 그를 따라가지 못한 탓에 좌절하
기도 했지만, 언제나 한계를 넘어서고자 했다. 마지막으로 최남의 말
을 소개한다. "내 운수가 좋아서 그랬는지 기회가 좋아서 그랬는지,
무슨 큰 성공을 거뒀다고는 생각하지 않습니다. 다만, 두 주먹 뻘겋
던 그때를 회고하면 아무래도 제가 노력한 것이 무의미하지 않았다
는 점이 지금 와서는 기쁠 뿐입니다."

기부가 면죄부는 아니다

민영휘

흔히 일제강점기의 조선인 3대 갑부라 하면 민영휘閔泳徽(1852~1935), 김성수, 최창학을 꼽는다. 하지만 '3대'라는 단어로 한데 묶기에는 민영휘의 재산이 다른 두 사람을 압도한다. 정확한 계산은 어렵지만, 현재의 화폐가치로 환산한다면 못해도 1조 원이 넘었을 것으로 추정된다. 어떻게 그는 이처럼 많은 재산을 모을 수 있었을까?

민영휘의 본명은 민영준으로[32], 고종 때 권세를 휘두른 외척 여흥 민씨 집안의 중심인물이었다. 민영휘의 7대조인 민시중과 명성황후의 6대조인 민유중이 형제간으로, 민영휘는 촌수는 상당히 멀었지만 명성황후의 신임을 얻어 도승지, 평안도 관찰사, 판의금부사, 이조판서, 병조판서 등 핵심 요직을 두루 역임했다. 한데 그의 평판은 매우 좋지 않았다. 탐욕스러웠던 그는 사람들을 갈취해 재산을 모았다. 평안도 관찰사로 재임하던 시절이 정점이었는데, 토지와 금품을 얼마나 많이 빼앗았는지 "민영휘가 돈 긁기에 전력한 것이 갑오농민전쟁의 한 원인"이라는 평가가 나올 정도였다. 이 같은 행태로 성난 백성들에게 집이 모두 불탄 적도 있지만, 그는 반성하지 않았다. 오히려 가렴주구에 더욱 몰두하다가 지석영으로부터 "정권을 전횡하여 임금의 총명을 가리었으며, 백성을 착취하여 오로지 자신을 살찌우고 윤택하게 하는 데 여념이 없는 자로 (중략) 나라에 해독을 끼친 원흉이고 백성을 좀먹은 대악大惡"[33]이라고 탄핵받았다. 결국 그는

---

32) 1901년 민영준에서 민영휘로 개명했다. 이 글에서는 편의상 연도와 상관없이 민영휘로 통일한다.

33) 『승정원일기』, 고종 31년 7월 5일.

2부 | 구한말과 일제시대의 부자들

탐관오리라는 죄목으로 지금의 전라남도 신안군(당시에는 영광군) 임자도에 위리안치된다.

하지만 민영휘는 순순히 명령에 따르지 않았다. 그는 유배지에서 탈출해 청나라로 도피했다. 동학농민전쟁 당시 청나라 군대의 파병을 앞장서서 주장할 정도로 친청親淸 인사였던 그는 청나라에서 재기를 도모했고, 1년도 채 안 되어 사면받았다. 그리고 궁내부 특진관, 태의원경, 호위대 총관, 육군 부장(지금의 중장), 중추원 의장, 시종원경을 지내는 등 탄탄대로를 달렸다. 부정부패로 처벌받은 관리가 제멋대로 유배지에서 탈출해 해외로 도피했는데, 엄중히 처벌하기는커녕 사면해주고 고위 관직으로 복직시킨 것이다. 정상적인 나라였다면 상상도 할 수 없는 일이다.

민영휘는 대한제국 시대에도 고종 황제의 핵심 측근으로 활동했는데, 위기가 닥친다. 을사늑약에 앞장선 대신들과 같은 조정에 있을 수 없다며 그들을 처단하라는 상소를 올렸다가[34] 일본에 찍혀 조정에서 밀려난 것이다. 그가 권력을 잃자, 그에게 재산을 빼앗긴 사람들이 재산환수 소송을 거는 등 소란이 일었다. 언론에 등장한 사례만도 10여 건이 넘는다. 이를 계기로 민영휘는 재빠르게 친일로 태세를 전환해 신하로서 최고위 등급인 칙임관 1등에 서임되었다. 그는 일본 황태자 방한 환영 위원회 위원장직을 자청해서 맡았으며, 헤이그 밀사 사건이 일어나자 고종이 책임을 지고 퇴위하라는 상소

---

34) 『고종실록』 46권, 고종 42년 12월 8일.

를 올리기도 했다. 그뿐만이 아니다. 일본 천황가家의 시조로 받들어지는 아마테라스 오미카미의 위패를 조선에 봉안하는 신궁봉경회의 고문을 맡았고, 국민동지찬성회 고문과 정우회 총재를 역임하며 일본의 대한제국 강제 병탄 작업에 적극적으로 협력했다. 이 공로로 민영휘는 1910년 10월 일본 정부로부터 자작 작위를, 1911년 1월에는 은사공채 5만 원을 받는다. 자신의 이익과 기득권을 지키기 위해 그 누구보다 나라를 파는 일에 열중했다고 할 수 있다.

그런데 이후 민영휘는 보통의 친일 귀족들과는 다른 길을 걸었다. 매국의 대가로 얻은 부귀영화를 누리며 한량 같은 삶을 살던 이들과 달리, 금융인이자 기업가로 변신한다. 그는 1912년 한일은행 이사로 취임했고, 1915년부터 1920년까지 두취頭取, 지금의 은행장으로 재임했다.

그의 두 아들도 전면에 나섰다. 미국 오하이오대학교에서 수학한 서장자庶長子 민대식이 1920년 아버지의 뒤를 이어 한일은행 두취가 되었으며 1931년 한일은행과 호서은행이 합병해 동일은행이 설립되자 역시 두취를 맡았다. 케임브리지대학교를 졸업한 막내 민규식도 은행 경영에 참여해 중역이 된다. 참고로 민대식은 민영휘의 맏아들이지만 서자였기 때문에, 예법상 적통은 양자인 민형식이 계승했다. 민영휘의 자작 작위를 이어받은 아들도 민형식이다. 다만 민형식은 나철의 을사오적 암살 미수 사건에 자금을 대고 신민회에서 활동하는 등 아버지 민영휘와 다른 길을 걸었다. 그래서 민영휘와는 의절한 것으로 보인다.[35]

---

35) 민형식은 1932년 경성지방법원으로부터 파산 선고를 받을 정도로 생계가 어려웠지만, 민영휘는 어떤 도움도 주지 않았다.

민영휘, 민대식, 민규식 삼부자는 풍부한 현금자산을 바탕으로 공격적인 투자에 나섰는데, 초기에는 광목을 직조하는 부국직물 합명회사, 저마苧麻, 즉 모시를 가공하는 ㈜조선제마, 주류를 생산하는 ㈜조선양조, 견직물을 직조하는 ㈜조선견직와 동광제생사를 설립해 직접 경영에 뛰어들었다. 하지만 부국직물과 ㈜조선제마 등이 얼마 지나지 않아 폐업하는 등 처참하게 실패하자, 이들은 일제가 설립한 국책회사인 ㈜조선토지개량, ㈜조선신탁, ㈜조선미곡창고, 일본인이 경영하는 ㈜경성전기, ㈜조선맥주, ㈜경성천연빙, ㈜조선경남철도에 자본을 투자하는 쪽으로 방향을 틀었다. 망할 위험이 적으면서 배당금을 많이 받을 수 있는 기업의 주식을 사들인 것이다.

이러한 투자 경향은 민영휘가 죽은 뒤에도 계속 이어졌다. 오미일의 「관료에서 기업가로─20세기 전반 민영휘 일가의 기업 투자와 자본 축적」이라는 연구에 따르면, 1940년 기준 민대식의 주식배당 수입이 2만 6,240원, 1944년 기준 민규식의 주식배당 수입이 3만 6,914원 62전이었다고 한다. 배당금으로만 연 4~6억 원을 벌 정도로 주식 투자에 적극적이었음을 알 수 있다.

아울러 1931년 1월 1일 자 잡지 『삼천리』를 보면, "민영휘씨가 재리財利에 눈이 밝아 지금 이 순간에도 뒤에 앉아 재물을 불리고 이익을 늘린다는 말이 있다. 그는 어떤 분야든 이익이 남을 것 같으면 자금을 대어준다고 한다. 종로 상계라든지 대금업자라든지를 막론하고 민영휘씨와 관계를 맺은 곳이 상당히 있는 모양이다"라는 기사가 나온다. 이익이 날 수 있는 곳이라면 소매상이나 대부업자에게도 돈을 빌려주었음을 알 수 있다. 영민하면서도 집요하게 돈을 긁어모은 것이다.

그러나 이렇게 돈이 많으면 뭐 할까? 사람들에게 갈취해서 모은 돈을 자랑스러워할 수 있을까? 일본에 철저히 복종하고 협력하며 불린 재산이 과연 떳떳할까? 민영휘도 세상의 이런 인식이 마음에 걸렸는지, 이미지 세탁을 위해 기부를 열심히 했다. 1920년대 동아일보에 등장하는 민영휘의 기부 관련 기사만도 80여 건에 이른다.

그는 교육사업에도 많은 돈을 내놓았는데, 휘문고등학교의 설립자가 바로 민영휘이기도 하다. 이에 대한 윤치호의 평가를 보자. "신문 보도에 따르면, 민영휘씨가 자신이 설립한 휘문의숙에 10여만 원을 기부하기로 했다고 한다. 조선일보는 사설에서 민씨가 도덕, 명성, 재력 면에서 조선 최고라고 평했다. 당치도 않은 소리다. 민씨를 도덕적이라고 평가하는 것은, 아무리 극악무도한 방식으로 돈을 벌더라도 그 가운데 일부를 공익사업에 투자하기만 하면 그것으로 면죄부가 된다고 조선 청년들에게 가르치는 것이나 다를 바가 없다. 민영휘는 청일전쟁의, 이용익은 러일전쟁의 직접적인 원인을 제공했다. 학교 하나를 후원한다고 해서, 아니, 아무리 많은 학교를 후원하더라도 이런 작자들은 절대로 용서받을 수 없다."[36] 그렇다. 아무리 돈을 많이 벌고 기부를 많이 했더라도, 부도덕한 방법으로 돈을 번 이들을 우리는 용인해서는 안 된다.

---

36) 윤치호, 『국역 윤치호 영문일기』 7, 1921년 6월 26일(한국사료총서 번역서 7), (국사편찬위원회 한국사데이터베이스 http://db.history.go.kr/id/sa_031r_0020_0060_0260 accessed 2024. 03. 17.)

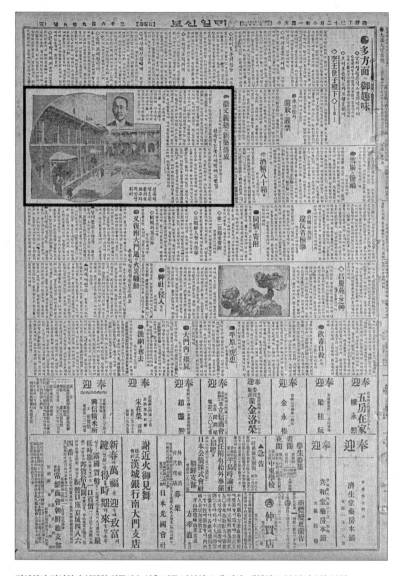

민영휘와 민영휘가 설립한 휘문의숙 신축 건물 낙성식 소개 기사, 매일신보 1918년 1월 13일

출처: 국립중앙도서관 대한민국 신문 아카이브, 자유이용가

https://nl.go.kr/newspaper/detail.do?content_id=CNTS-00094044329&from=%EC%8B%A0%EB%AC%B8%20%EA%B2%80%EC%83%89

권력과 결탁한 토지 투기

김갑순

1930년 6월 28일, 윤치호는 일기에 이렇게 적었다. "사촌동생 치오의 둘째 아들 명선이가 공주의 김갑순씨 둘째 딸과 결혼했다. 오후 4시부터 정동 감리교회에서 김영섭씨 주례로 결혼식이 거행되었다. 국일관에서 피로연이 열렸다. 공주 제일의 갑부인 김갑순씨는 유능한 '화폐 제조기'로 알려져 있다. 김씨는 당국자들의 환심을 사는 법을 잘 알고 있다."[37]

윤치호 집안과 사돈을 맺은 김갑순金甲淳(1872~1961)[38]은 공주를 중심으로 충청남도 일대를 아울렀던 자본가다. 윤치호의 일기에는 김갑순을 설명하는 두 가지 키워드가 모두 들어 있다. '유능한 화폐 제조기'와 '당국자들의 환심'이 그것이다. 그는 탁월한 감각과 치부술로 큰돈을 벌어들였는데, 그 배경에는 권력자들의 비호가 있었다. 1949년에 출간된 『민족정기의 심판』이라는 책을 보면 "도지사, 군수, 서장, 판검사 쳐놓고 김갑순의 손아귀에 놀아나지 않는 자는 하나도 없었다"[39]라는 대목이 나온다.

그런데 김갑순이 처음부터 잘나갔던 것은 아니다. 그는 일찍 부모님을 여의고 불우한 어린 시절을 보냈다. 공주의 충청남도 감영에서 종으로 일하던 어느 날, 그는 인생을 바꿔줄 인연을 만나게 된다. 그의 돈을 떼어먹고 도망친 노름꾼을 잡으러 가던 길에 겁탈당할 위

---

37) 윤치호, 『국역 윤치호 영문일기』 8, 1930년 6월 28일(한국사료총서 번역서 8). (국사편찬위원회 한국사데이터베이스 http://db.history.go.kr/id/sa_032r_0060_0040_0280 accessed 2024. 03. 20.)

38) 김갑순의 사망 연도는 분명하지 않다. 1960년이라는 설과 1961년이라는 설이 있다.

39) 저자 미상, 『民族正氣의 審判』, 혁신출판사, 1949년 2월(국사편찬위원회 한국사데이터베이스 http://db.history.go.kr/id/pj_001_0070_0030 accessed 2024. 03. 20.)

기에 놓여 있던 한 여자를 구해준 것이다. 여자는 연신 고맙다며 김갑순에게 의남매를 맺자고 제안했는데, 얼마 뒤 이 여인이 충청남도 관찰사의 첩이 되어 김갑순을 물심양면으로 도와주었다. 덕분에 그는 감영의 종에서 하급 관리로 신분이 상승한다. 한데 사람이 가져다준 행운은 이것으로 끝이 아니었다. 어느 날 김갑순이 관찰사에게 문전박대를 당한 허름한 차림의 선비를 도와주었는데, 그 선비가 국가 재정을 총괄하는 탁지부의 고관이 된 것이다. 선비는 김갑순을 서울로 불러들여 중앙 관직에 나갈 수 있게 해주었다. 우연한 선행이 그의 운명을 달라지게 한 것이다.

관리가 된 김갑순은 돈에 대한 동물적인 감각과 꼼꼼한 업무 능력을 인정받아 출세 가도를 달렸다. 왕실의 재산을 관리하는 내장원內藏院에서 징세 담당 관리인 봉세관捧稅官을 맡았고, 부여·임천·노성·공주·아산 등 충청남도 여러 고을의 군수를 역임했다. 그러면서 충청남도 관찰사부의 봉세관을 겸임했는데, 세무 행정에 뛰어났기 때문으로 보인다. 세무에 얼마나 밝았는지 세금을 착복하는 기술도 신통해서, 막대한 돈을 빼돌렸지만 발각된 적이 없었다고 한다. 그의 세금 횡령은 한일 강제 병탄 때 정점에 달했다. 나라가 망하는 혼란한 틈을 타 엄청난 금액의 국고를 가로챘다고 전해진다.

이렇게 부정한 방법으로 종잣돈을 모은 김갑순은 본격적으로 재산 불리기에 나섰다. 토지를 사들이고, 황무지를 개간했으며, 극장사업·자동차사업·수리사업 등 유망 업종에 가장 먼저 뛰어들었다. 대전의 유성온천을 본격적으로 개발한 사람도 김갑순이다. 그는 1914년

㈜대전온천과 ㈜유성온천을 설립하고 최대 주주이자 전무이사로서 경영을 맡았다. 두 회사는 온천장을 운영했을 뿐 아니라, 토지·가옥 대부 사업과 자동차 영업을 통해 많은 돈을 벌어들였다. 이 밖에도 김갑순은 ㈜해동은행, ㈜조선미술품제작소 등에도 관여했다.

김갑순이 특히 큰 이익을 거둔 곳은 토지였다. 그는 임시토지조사국 토지조사위원, 우성 수리조합장, 충청남도 도평의회 의원, 중추원 참의 등을 지내며 알게 된 개발 정보와 인맥을 활용해 막대한 시세 차익을 올렸다. 대전에 철도가 놓이고 충남도청이 이전한다는 정보를 미리 입수해 해당 지역의 토지를 선점하는 식이었다.[40] 또한 총독부와 충청남도의 고위 관리에게 전방위적 로비를 펼쳐 관련 인허가를 쉽게 얻어내고, 저리 대출, 세금 감면 등의 특혜도 받았다. 이후 김갑순의 소유지에 실제로 충청남도 도청이 세워졌는데, 덕분에 15전에 매입한 그의 토지 값이 천 배 가까이 폭등했다고 한다.

그 뒤로도 김갑순은 국민정신총동원조선연맹, 조선임전보국단, 국민총력조선연맹의 임원을 맡으며 총독부의 시책에 적극적으로 협력했다. 공주 구제원장을 맡아 기민飢民을 구호했고, 사회 기반 시설을 건설하는 데 거금을 쾌척하기도 했다. 모두 총독부가 바라 마지않던 일들이었다. 총독부로부터 계속 이권과 특혜를 받으며 재산을 불리고 있으니, 김갑순으로서도 그들의 환심을 사는 일을 그만둘 수 없었을 것이다.

---

40) 대전에만 22만 평의 토지를 보유했다고 한다.

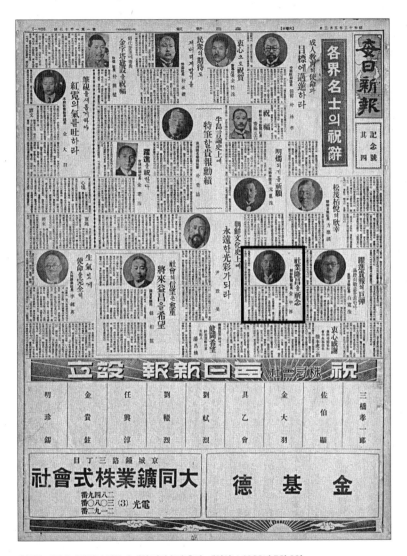

총독부 기관지 매일신보 발족에 대한 김갑순의 축사, 매일신보 1938년 5월 3일

출처: 국립중앙도서관 대한민국 신문 아카이브, 자유이용가

https://nl.go.kr/newspaper/detail.do?content_id=CNTS-00094892316&from=%EC%8B%A0%EB%AC%B8%20%EA%B2%80%EC%83%89

그런데 김갑순이 거부가 될 수 있었던 이유로 근검절약하는 태도를 거론하는 사람도 있다. 그는 식사할 때 반찬을 세 가지 이상 놓지 않았고, 쌀 한 톨도 남기지 못하게 했다는 것이다. 하지만 인공섬에 별장을 짓는 등 그의 사치가 충청남도 전역에서 유명했다는 윤치호의 증언 등을 볼 때, 그가 과연 검소한 인물이었는지에 대해서는 의문이 든다.

그렇다면 해방 이후 김갑순은 어떻게 되었을까? 일제에 충성하고 권력과 결탁해서 돈을 벌었으니 무거운 처벌을 받았을까? 광복 직후 김갑순은 갑자기 '전재민戰災民 주택사업'이라는 것을 벌였다. 주택 100호를 지어 전쟁 등으로 집을 잃고 떠도는 '전재민'에게 무상으로 나눠주겠다는 것이다. 살아남기 위해 이미지 변신을 꾀한 것인데, 그마저도 아까웠던 것일까? 100호 중 20호만 대전부大田府[41]에 기증하고, 80호는 자기와 관계가 있는 사람들에게 나눠주었다. 이에 대해 당국은 "결국 허울 좋은 미명뿐이니 대단히 유감으로 생각하는 바이다"라고 비판했다. 아니함만 못한 일이 된 것이다.

이후 김갑순은 1948년 출범한 반민족행위특별조사위원회(반민특위)에 체포되었다. 심문받을 때 그는 "이완용은 애국자다. 동상을 세워 받들어야 한다"라고 주장해 조사관을 아연케 했고, 임차인들에게 자신의 구명운동을 벌이라고 강요함으로써 논란을 일으켰다. 김갑순을 엄히 처벌하라는 여론이 높았지만, 반민특위가 와해하면서

41) 1949년 대전시로 개칭되었다.

흐지부지 넘어갔다. 당시 공주의 국회의원이자 항일 독립운동가였던 김명동이 그를 잡아넣기 위해 애썼으나 실패했다. 김갑순은 김명동에게 당한 수모를 갚겠다며 2대 국회의원 선거에서 아들을 공주 갑구에, 손자를 공주 을구에 출마시키고 막대한 선거자금을 쏟아부었지만 모두 낙선한다. 그 뒤 김갑순은 재산을 노리는 자식과 친척 들의 분쟁을 보며 답답해하다가 1961년에 죽었다고 한다. 죽을 때까지 1,000만 평에 가까운 토지가 수중에 남아 있었다니, 그의 부가 얼마나 대단했는지를 알 수 있다.

김갑순과 관련해 남은 이야기가 하나 있다. 1982년 MBC에서 '거부실록' 시리즈 두 번째로 《공주 갑부 김갑순》이라는 드라마를 22부작으로 방영했다. 드라마에서 주인공 김갑순은 툭하면 "민나도로보데스!みんな泥棒です!"라고 내뱉었다. '모두 도둑놈들이야!'라는 뜻이다. 부패하고 탐욕스러운 권력자들, 뇌물을 밝히는 공무원들, 호시탐탐 그의 재산을 노리는 사람들에게 쏘아붙인 말일 터이나, 김갑순이 부자가 된 것 또한 그런 사람들로 가득한 세상이었기에 가능했을 것이다. 아무튼 이 말은 부정부패가 횡횡하던 1980년대 초반 전국을 강타한 유행어가 되었는데, 아직까지도 이 말이 회자하고 있으니 안타까운 일이다.

그 밖의 인물들

지금까지 조선시대에서 일제강점기까지 활동한 스물세 명의 부자를 살펴보았다. 마지막으로 자료가 부족해 독립적으로 다루기 어려웠지만 꼭 소개하고 싶은 인물들을 한데 모았다.

부보상의 아버지 백달원

가장 먼저 살펴볼 사람은 조선 초기의 거상이자 '부보상의 아버지'라 불렸던 백달원白達元(?~?)이다. 그는 소비자의 수요를 파악하고 필요한 상품을 구해 직접 전달해주는 등짐장수(부상)와 봇짐장수(보상)로 활동했다. 물산이 풍부한 곳에서 열악한 곳으로, 특정 산물이 생산되는 곳에서 그것을 구하기 힘든 곳으로 옮겨다니며 수요와 공급의 불균형을 이용하고 지역 간 시세 차이를 활용해 큰돈을 벌어들였다. 백달원은 가난하고 굶주린 사람들, 소외되고 차별받는 사람들을 끌어들여 상단商團을 키웠는데, 그렇게 하면 초기 자본이 별로 들어가지 않을 뿐 아니라 절실한 만큼 더욱 열심히 장사에 임하리라는 생각에서였다. 이후 백달원이 이끄는 부보상단은 한반도 전역을 무대로 삼을 만큼 크게 성장한다.

하지만 사업의 규모가 커질수록 백달원은 걱정스러웠다. 이곳저곳을 떠돌며 물건을 파는 부보상은 자칫 상도商道를 어기기 쉽다. 다시 만날 일이 없다는 생각에, 이 고을에 또 오지만 않으면 된다는 생각에, 바가지를 씌우거나 소비자를 기만하는 부보상들이 생겨났다. 이는 부보상 전체에 대한 소비자의 신뢰를 떨어뜨리는 일이었다. 백달원은 물건만 팔고 떠나면 그만인 '뜨내기 장사꾼'이 아니라 내가 필요로 하는 물건을 내 집까지 가져다주는 소중한 '서비스맨'으로 인식될 수 있도록 모든 부보상이 평소 행동거지를 단정히 하라고 강조했다. 그래야 부보상이 파는 상품에 대해서도 자연스레 신뢰가 생긴다는 것이었다. 백달원이 이른바 '사물四勿', 망령된 말을 하지 않는 '물망언勿妄言', 잘못된 행동을 하지 않는 '물패행勿悖行', 음란한 짓을 하지 않는 '물음란勿淫亂', 도둑질하지 않는 '물도적勿盜賊'의 네 가지 규칙을 제시한 것은 그래서다. 이는 부보상의 4대 강령으로 자리 잡는데, 장사 이전에 인간으로서의 규율을 먼저 강조한다는 점에서 주목할 만하다.

그런데 이 정도만으로는 백달원이 시대를 대표하는 거상이 될 수 없었을 것이다. 그는 탁월한 안목으로 사람에게 투자해, 값으로 환산할 수 없는 이득을 얻었다. 일찍부터 이성계의 가치를 알아보고 그에게 적극 협력한 것이다. 백달원은 이성계가 전장에 나갈 때마다 휘하의 부보상을 동원해 물자를 공급했으며, 각종 정보를 수집하고 여론 조성에 앞장서주었다. 조선이 건국되고 이성계가 왕으로 즉위하면서 그의 헌신은 큰 혜택으로 보상받았다. 이성계가 백달원을 위해 부상청負商廳을 설립하고 그로 하여금 전국의 부보상들을 통솔하도록 하였으며, 일부 품목에 대한 전매권도 부여한 것이다. 물론 이성계도 부보상이 나랏일에 도움이 되었기 때문에 밀어준 것이지만, 백달원이 이성계를 후원하지 않았다면 얻을 수 없는 성과였다.

고리대금업자 정인지

정인지鄭麟趾(1396~1478)는 세종의 시대를 이야기할 때 빼놓을 수 없는 인물이다. 예문관 대제학과 집현전 대제학을 지내며 조선의 독자적 역법曆法인 칠정산七政算 완성, 토지를 54등급으로 나눠 조세를 부과하는 연분구등법·전분육등법[42] 제정, 『고려사』 편찬 등의 사업에서 중요한 역할을 담당했다. 훈민정음의 공식 해설서인 『훈민정음해례본』 서문을 썼을 정도로 훈민정음 보급에도 크게 이바지했다. 유교 경전뿐 아니라, 과학·음운학·역사·조세행정 등 다양한 분야에 통달한 당대의 석학이라 할 수 있다.

　한데 정인지에게는 다음과 같은 면모도 있었다. 그는 윤사윤, 윤사로, 박종우와 더불어 조선 초기 4대 부호로 불릴 정도로 엄청난 부자였다. 『조선왕조실록』에 실린 그의 졸기를 보면 "정인지는 성품이 검소하여 평소 생활을 매우 박하게 하였다. 재산 모으기를 좋아하여 수만 석에 이른 뒤에도 논밭을 널리 차지하고, 심지어 이웃 사람 소유의 토지도 탐을 내 사들였다"[43]라고 기록되어 있다. 평소 검소하게 생활하면서 재산 증식에 관심이 많았다는 것인데, 한미한 가문을 일으키기 위해서였다는 해석이 많다. 정인지가 큰아들을 세종의 딸 정의공주의 사위로, 둘째 아들을 세조의 부마로, 넷째 아들을

---

42) 풍작과 흉작의 정도에 따라 9등급, 토지의 비옥도에 따라 6등급으로 나누어 조세를 부과한 제도.

43) 『성종실록』 98권, 성종 9년 11월 26일.

세종의 아들 계림군의 사위로, 다섯째 아들[44]을 세종의 외증손녀사위로 장가보낸 것도 같은 맥락이라 할 수 있다.

그뿐만이 아니다. 정인지는 고리대금업에도 뛰어들었는데, '장리長利'를 놓았다는 이유로 탄핵받기도 했다. 장리란 봄에 곡식을 빌려주고 가을에 50퍼센트 이상을 이자로 받는 고리대高利貸를 말한다. 부자나 관리가 장리를 놓는 건 당시로서는 일상적인 일이었지만, 재상급 고위 관료가 어려운 백성을 상대로 고리대 장사를 한 것은 옳은 처신이 아니었다. 정인지는 장리는 했으나 재산을 모으진 않았다고 변명했지만, 말이 되지 않는 소리다. 하물며 그는 "장리를 놓는 사람이 또 있을지라도 정인지와 같이 전념하는 사람은 없습니다"[45]라는 평가를 받을 정도였다. 고리대금업에 전심전력을 다한 것이다. 덕분에 그의 재산은 갈수록 불어났는데, 반대로 평판은 갈수록 떨어졌다. 돈을 모아 가문을 일으키겠다는 목표를 달성했는지는 몰라도, 그 과정에서 수단과 방법을 가리지 않음으로써 이미지가 실추된 것이다.

자린고비 조륵

어느 가족이 밥상 앞에 둘러앉았다. 밥 두 숟가락을 먹고 천장에 매

---

44) 다섯째 아들 정상조의 손녀가 14대 왕 선조의 생모이기도 하다.
45) 『성종실록』 89권, 성종 9년 2월 20일.

달려 있는 굴비 한 번 보고, 다시 밥 두 숟가락을 먹고 천장의 굴비를 바라보고를 반복했다. 가족 중 누군가 한 숟가락만 먹고 보기라도 하면, "그렇게 자주 보면 너무 짜다. 물 마셔라"라는 불호령이 떨어졌다. 충주의 '자린고비' 조륵趙玏(1649~1714)의 이야기다.

조륵이 남긴 일화는 무수히 많다. 신발을 아끼려고 양쪽 신을 들고 다녔고, 부채가 닳을까봐 머리만 흔들었다. 외출할 때면 표주박을 들고 나가 길에 떨어진 곡식 낟알을 주워 넣었고, 시장에서 파는 생선을 한참 만진 후 그 손을 씻은 물을 끓여 생선국이라며 먹었다. 파리가 된장독에 앉았다가 날아가자 "저 장 도둑놈 잡아라"라고 외치며 이웃 마을까지 쫓아갔다는 일화도 있다. 이 모든 것이 실제로 조륵이 한 일인지는 알 수 없다. 전국의 자린고비, 구두쇠들의 일화가 조륵에게 모였고, 조륵의 이야기가 다시 퍼져 '자린고비 설화'를 만들어냈을 것으로 짐작된다.

일화를 하나 더 보자. 어느 날 먼 곳에서 손님이 찾아왔다. 손님이 물었다. "저도 저희 마을에선 소문난 구두쇠지만, 재산을 별로 모으지 못했습니다. 어떻게 해야 공처럼 부자가 될 수 있겠습니까?" 이에 조륵이 말했다. "따라오시오. 나와 함께 잠깐 나갑시다." 그러고는 손님을 탄금대로 데려갔다. 깎아지른 듯한 높은 절벽 아래에 강물이 굽이쳐 흐르고, 그 낭떠러지 아래로 소나무 가지 하나가 드리워져 있었다. 조륵은 손님에게 소나무를 타고 올라가 가지를 붙잡게 했다. 손님이 시키는 대로 하자, 이번에는 한 손을 놓고 나머지 한 손으로만 잡도록 했다. 손님은 영문을 알 수 없었지만 조륵의 말을 따랐다. 그러자 조륵은 "자, 이번에는 그 손도 놓으시오"라고 말했다. 손님은 깜짝 놀랐다. 손님이 "아니, 나보고 떨어져 죽으라는 말씀입니까?"라고 소리치자, 조륵은 천연덕스럽게 "좋소, 이제 나무에서 내려오시오"라고 말했다. 그러고는 "자, 나는 그대에게 부자가 되는 방법을 다 알려주었소"라고 했다.

손님이 "죄송합니다만, 어리석은 저로서는 도저히 이해할 수가 없습니다. 알기 쉽게 말씀해주십시오"라고 요청하자, 조륵이 물었다. "큰 부자가 되려면 마음가짐이 중요하오. 방금 그대는 한 손으로 나뭇가지를 잡고 있을 때 꽉 붙잡아 놓치지 않으려고 온 힘을 다했소. 그 이유가 무엇이오?" 손님이 대답했다. "그야 그 손마저 놓으면 죽게 되기 때문이지 않습니까?" 조륵이 말했다. "바로 그것이오. 당신 손에 있는 쌀 한 톨, 엽전 한 잎을 방금처럼 놓치지 않으려고 해보시오. 이것을 놓치면 죽는다는 마음가짐이어야 하오." 손님은 감탄하며 "깊이 명심하겠습니다"라고 인사한 뒤 떠났다고 한다.

물론 이렇게 빡빡하게 사는 것이 정답은 아니다. 자린고비처럼, 구두쇠처럼 살아야만 돈을 모을 수 있는 것도 아니다. 본인을 불편하게 만들고 가족을 힘들게 만들면서까지 부자가 되어야 하느냐에 대해서는 사람마다 생각이 다를 것이다. 다만, 많든 적든 돈을 모으려면 푼돈이라도 낭비하지 말고 소중히 여겨야 한다는 교훈만큼은 기억할 필요가 있다. 나에겐 지나치다 싶을 정도로 인색해야 한다.

마지막으로 하나, 자린고비에는 '수전노'라는 의미가 들어 있지 않다. 자린고비는 오로지 돈만 밝히느라 사람답지 못한 사람이 아니다. 평소에는 인색하고 지나칠 정도로 절약할지언정, 써야 할 때는 쓰는 것 또한 자린고비의 정신이다. 환갑이 되자 조륵은 친척과 동네 사람들을 모아놓고 크게 잔치를 열었다. 그리고 이렇게 말했다. "여러분! 그동안 내가 혼자서 잘 먹고 잘살려고 구두쇠 짓을 한 것이 아닙니다. 여기 계신 여러분께 도움이 되고 싶어서 한평생 아껴가며 돈을 모으고 또 모았습니다. 이제는 그 재산으로 남은 생을 베풀며 살려 합니다." 이후 조륵은 어려운 사람들에게 아낌없이 곡식과 재물을 나눠주었다고 한다.

협의를 간직한 부자 임준원

조선 숙종 대에서 영조 대까지 활동한 문장가 정내교는 그의 스승 홍세태가 교유한 임준원林俊元(?~?)의 전기를 지었다. 임준원은 중인이었다. 양반이 중인의 전기를 썼다는 것은 그 사람이 그만큼 범상치 않았다는 뜻이다. 도대체 임준원은 어떤 사람이었을까?

정내교가 기록한 바에 따르면, 임준원은 인품이 훌륭하고 기개가 있었으며 언변이 뛰어났다고 한다. 시를 잘 짓기로도 유명했다. 그런데 집이 가난한 데다 연로한 부모님이 계셔서 일찍부터 궁중에서 쓰는 물품을 조달하고 왕실 재산을 관리하는 내수사內需司의 아전이되었다. 워낙 재주가 뛰어나고 사무에 밝은 덕분에 그는 이내 내수사 관리들의 신임을 독차지했고, 중요한 업무를 전담하게 되었다. 그 과정에서 임준원은 많은 재산을 모았는데, 부정적인 방법으로 착복하거나 한 것은 아니었다. 나라의 대표적인 거상들을 상대하고 왕실 재산을 운영하다 보니, 자연히 돈을 벌 수 있는 요긴한 사업 정보를 접할 수 있었다. 그런 기회를 놓치지 않고 행동에 옮긴 것이다.

이렇게 부자가 되자, 임준원은 "이미 부가 넘쳐나니 더는 세상사에 골몰하지 않겠"다며 사직하고 유유자적한 삶을 보냈다. 매일 시회詩會를 열었는데, 그가 모임을 열면 "섬돌에 늘 신발이 가득하고 술상이 끊이지 않았"다고 한다. 글 좀 쓴다는 사람치고 이 모임에 초대받지 못한 사람이 없었을 정도다. 정내교의 스승 홍세태와 교유한 것도 이즈음이다.

또한 임준원은 의로운 일을 좋아하고 베풀기를 즐겼다고 한다. 형편이 어려운 이웃이나 친구가 있으면 경제적 지원을 아끼지 않았고, 가난해서 혼인하지 못하거나 상장례를 치르지 못하는 사람이 있으면 생면부지라도 반드시 도와주었다. 한번은 이런 일도 있었다. 임준원이 육조 거리를 걸어가다가, 한 여자가 포졸에게 끌려가며 서글피 울고 그 뒤에서는 어떤 남자가 욕설을 퍼부으며 따라가는 모습을 마주치게 되었다. 여인은 채무자이고 남자는 빚쟁인데, 돈을 갚지 않는다며 관아에 고발한 것이다. 사연을 들은 임준원은 "하찮은 빚 몇 푼 때문에 아녀자를 이토록 욕보일 수 있단 말인가?"라며 남자를 꾸짖고 그 자리에서 빚을 대신 갚아주었다고 한다. 여자가 은인의 성함이라도 알려달라며 애원했지만, "내 이름을 알아서 무엇 하오?"라며 끝내 가르쳐주지 않았다. 그러나 이 모습을 지켜본 사람들의 입소문이 퍼져 그의 호협한 기상이 널리 알려졌다고 한다. 그가 죽자 수많은 조문객이 몰려와 흡사 부모가 돌아가신 것처럼 통곡했다는데, 바로 이러한 협의 덕분이었을 것이다.

김준태

성균관대학교에서 한국철학 전공으로 박사 학위를 받았고, 한국철학문화연구소 책임연구원을 거쳐 현재 같은 대학교 유학동양학과 초빙교수로 있다. 《이코노미스트》와 경기일보의 필진으로 활동했으며, 《동아비즈니스리뷰DBR》에 칼럼을 연재 중이다. KMOOC, 현대경제연구원 CreativeTV, 전통문화연구회 사이버서원 등 온라인 강의 플랫폼에서도 강의하고 있다. 저서로 『왕의 경영』, 『탁월한 조정자들』, 『다시는 신을 부르지 마옵소서』, 『마흔, 역사와 만날 시간』, 『왕의 공부』, 『조선의 위기대응 노트』 등이 있다.

조선의 부자들

1판 1쇄 펴냄 2024년 11월 22일
1판 2쇄 펴냄 2025년 2월 14일

지은이 김준태
펴낸이 정성원 · 심민규
펴낸곳 도서출판 눌민

출판등록 2013. 2. 28 제2022−00035호
주소 서울시 강북구 인수봉로37길 12, A-301호 (01095)
전화 (02) 332-2486 **팩스** (02) 332-2487
이메일 nulminbooks@gmail.com
인스타그램 · 페이스북 nulminbooks

© 김준태 2024

Printed in Seoul, Korea

ISBN 979-11-87750-77-2 03910